Friedrich Georg Friedmann
HANNAH ARENDT

SERIE PIPER
Band 5201

Zu diesem Buch

»Das deutschsprachige Judentum und seine Geschichte«, schreibt die Historikerin und politische Philosophin Hannah Arendt, »ist ein durchaus einzigartiges Phänomen, das auch im Bereich der sonstigen jüdischen Assimilationsgeschichte nicht seinesgleichen hat.« Hannah Arendt ist Repräsentantin dieser Symbiose wie Analytikerin ihrer Geschichte von der Zeit Rahel Varnhagens bis zum Terror des nationalsozialistischen Regimes. Friedrich Georg Friedmann, selbst in Deutschland geborener Jude, zeichnet das Porträt einer Persönlichkeit, deren Faszination gerade in den zutiefst menschlichen Widersprüchen liegt. So ist ihre Analyse der Ursprünge totaler Herrschaft begleitet von romantischer Zuneigung zu Vertretern deutscher Sprache, Dichtung und Philosophie, auch wenn diese – wie Heidegger oder Brecht – dem politischen Sündenfall nicht entgangen sind. Arendts Leben, ihre Auseinandersetzung mit dem Juden als Paria, den Ursprüngen totaler und den Elementen totalitärer Herrschaft (Eichmann), der deutschen Romantik und ihren Folgen, schließlich der Entwicklung eines veränderten Verhältnisses zwischen deutschen Juden und Deutschen – das sind die Schwerpunkte von Friedmanns Porträt.

Friedrich Georg Friedmann, geboren 1912 in Augsburg. Studium in München, Freiburg und Rom. Lehrtätigkeit in den USA 1940–60. 1960–79 o. Professor für nordamerikanische Kulturgeschichte an der Universität München.
Veröffentlichungen u. a.: La Miseria. Die Welt der süditalienischen Bauern (1952); Background for Little Rock (1958); Briefwechsel mit Karl Rahner (1966); Auswanderung und Rückkehr (1966); Carters Amerika (1977); Von Cohen zu Benjamin (1981); Erich Fromm und die Frage nach Gott (1982); Judesein heute (1983).

Friedrich Georg Friedmann

HANNAH ARENDT

Eine deutsche Jüdin
im Zeitalter des Totalitarismus

Mit 12 Abbildungen

Piper
München Zürich

SERIE PIPER
PORTRÄT
Herausgegeben von
Martin Gregor-Dellin und Reinhard Merkel

ISBN 3-492-05201-0
Originalausgabe
Oktober 1985
© R. Piper GmbH & Co. KG, München 1985
Umschlag: Federico Luci
Gesamtherstellung: Clausen & Bosse, Leck
Printed in Germany

Inhalt

Begegnung mit Hannah Arendt

»Das deutschsprachige Judentum und seine Geschichte«, schreibt Hannah Arendt, »ist ein durchaus einzigartiges Phänomen, das auch im Bereich der sonstigen jüdischen Assimilationsgeschichte nicht seinesgleichen hat.«[1] Hannah Arendts Leben und Werk sind von diesem Phänomen geprägt.

Zwei Ausgangspunkte

Mein Versuch zu zeigen, vor welche Herausforderungen diese Tatsache Hannah Arendts Leben stellte und welche Fragen sich daraus in ihren Schriften ergaben, ist in erster Linie davon bestimmt, daß auch ich, wie Arendt, aus jener deutsch-jüdischen Kultur stamme und wie sie durch deren Schicksal unmittelbar betroffen bin. Es kann sich daher im folgenden kaum um eine objektive, durch wissenschaftliche Distanz gekennzeichnete Arbeit handeln. Wenn es einen Abstand zwischen dem Autor und seinem Sujet gibt, so ist er Folge einer auf den ersten Blick unwichtig erscheinenden Tatsache, nämlich, daß Hannah Arendt, 1906 geboren, sechs Jahre älter war als ich. Dieser an sich geringe Altersunterschied bedeutet, daß Hannah Arendt keine Unbekannte war, als sie 1933 Deutschland verließ. Sie war promoviert, hatte den größeren Teil ihres ersten Buches geschrieben und stand in enger Beziehung zu zwei der führenden Philosophen ihrer Zeit, Martin Heidegger und Karl Jaspers. Als sie 1941 von Frankreich nach den Vereinigten Staaten weiterwanderte, war ihre Rolle die einer *Emigrantin*. Ich hingegen verließ Deutschland als Student und erreichte Amerika über Italien und England als unbekannter *Immigrant*, einer von vielen Millionen, die seit mehr als 300 Jahren ihr Glück in der Neuen Welt suchten. Der Unterschied zwischen der gleichsam fertigen, durch ihre Erfahrungen im Heimatland geprägten Persönlichkeit der Emigrantin und dem noch unfertigen, eher zukunftsorientierten Immigranten führte dazu, daß Arendt sich zeit ihres Lebens in einem mehr oder minder homogenen Kreis deutscher Emigranten zu Hause fühlte, während ich allein mit Frau und Kindern in dem von europäischen Einflüssen relativ weit entfernten Hinterland Amerikas mich zurechtfinden mußte.

Als deutsch-jüdische Emigrantin hat sich Arendt mehrere Jahre lang mit jüdischer Politik beschäftigt – sei es mit Problemen des Zionismus, sei es mit der Schaffung einer jüdischen Armee in Europa. Ich dagegen unterrichtete als Immigrant, ohne mich viel mit jüdischen oder europäischen Fragen zu beschäftigen, während des zweiten Weltkrieges in der Luftwaffe der amerikanischen Marine. Gleichzeitig identifizierte ich mich weitgehend mit amerikanischer Lebensweise und Politik. Arendt, als Europäerin im Exil, nutzte ihren größeren geistigen Abstand zu Amerika, um dessen theoretische Grundlagen zu untersuchen: Ideen wie etwa die der Gründung, des Gesellschaftsvertrags oder der kleinräumigen Republiken Thomas Jeffersons. Erst später, als sie durch den McCarthyismus unmittelbar von ihrer amerikanischen Umwelt bedrängt wurde, begann bei ihr an die Stelle von Begeisterung für amerikanische Ideale eine immer tiefer greifende Enttäuschung über die zeitgenössische amerikanische Realität zu treten.

Meine eigene Einstellung zu Amerika war von Anfang an durch die praktischen Aufgaben des Alltags bestimmt. Erst später – zu Zeiten der Bürgerrechtsbewegung – stellten sich auch bei mir prinzipiellere Fragen ein. So weigerte ich mich als Lehrer an der Staatsuniversität von Arkansas, ein Gesetz zu befolgen, das die Rassentrennung für immer festschreiben wollte. Dies führte zu meiner fristlosen Entlassung. Es war wohl ein Zufall, daß sich Hannah Arendt in einem Aufsatz über »Little Rock«[2] mit der gleichen Angelegenheit beschäftigte, wobei sie jedoch von Prä-

missen ausging, die zu völlig anderen Schlüssen führten, als es
bei mir der Fall war. Auch unsere unterschiedlichen Einstellungen zum Nachkriegseuropa lassen sich zu einem großen Teil auf
die Altersdifferenz bzw. die Differenz zwischen der europäischen
Emigrantin und dem amerikanischen Immigranten zurückfüh-
ren. Arendt reiste in den späten vierziger Jahren im Interesse
einer jüdischen Organisation nach Europa, um eine Bestands-
aufnahme noch erhaltener jüdischer Kultgegenstände und Kulturgüter zu machen. Bei dieser Gelegenheit nahm sie die Beziehungen zu ihren Freunden Heidegger und Jaspers wieder auf.
Ich dagegen ging Anfang der fünfziger Jahre nach Europa, um
italienische Freunde aus meiner Studienzeit wiederzusehen und
mich in Süditalien mit antiken Bauernkulturen zu beschäftigen.
Das letztere tat ich bewußt als Amerikaner: Ich wollte wissen, ob
es für das im eigenen Lande auf sozialer Gesetzgebung fußende
Gefühl von Sicherheit eine Alternative gab, nämlich ein Gefühl
der Geborgenheit, das etwa im Sinne vorsokratischer Philosophie auf einer Übereinstimmung des Lebensrhythmus mit der
kosmischen Ordnung begründet war. Auch als ich später (1960)
nach Deutschland zurückkehrte, tat ich es bewußt als Amerikaner: Ich sollte an der Universität München einen Lehrstuhl für
nordamerikanische Kulturgeschichte übernehmen, um jungen
Deutschen die amerikanische Kultur näherzubringen.

Auch der Unterschied zwischen Arendts und meiner Einstellung dem deutschen Problem gegenüber läßt sich weitgehend
biographisch erklären. Arendt beschäftigte sich als Historikerin
politischer Ideen und Entwicklungen mit den Ursprüngen des
Unheils, das in Gestalt des Totalitarismus über Deutschland her-
eingebrochen war. Gleichzeitig hielt sie an der Kontinuität der
deutschen Sprache, Philosophie und Dichtung als ihrer geistigen
Heimat fest. Für mich, den Jüngeren, war diese Kontinuität
nicht gegeben. Zum einen hatte ich vor meiner Auswanderung
nicht die Bindung an prominente Vertreter der deutschen Kultur, wie Arendt sie hatte; zum anderen verbrachte ich sechs Jahre
in Italien, ein Jahr in England und 20 Jahre im Hinterland
Amerikas, eine Zeit, während der ich wenig Kontakte zu Deutschen und deutscher Kultur hatte. Als ich nach Deutschland zu-

rückkehrte, hatte ich nur wenige Bekannte aus der Vornazizeit. Zwischen ihnen und mir, aber auch im Umgang mit älteren Menschen, die ich zum erstenmal kennenlernte, bestand lange Zeit eine Art von unterschwelliger Befangenheit, die ich kaum zu artikulieren wußte. Anders war es mit einer Anzahl junger Menschen, denen ich mich in zunehmendem Maße verbunden fühlte. Die Studenten, mit denen Arendt auf ihren Reisen nach Deutschland in Berührung kam, waren noch meist Söhne und Töchter von Eltern, deren Vergangenheit man nur erahnen, nicht aber erfragen konnte. Ich dagegen begegnete im Laufe der Zeit Mitgliedern einer Generation von Enkeln, deren wachsender Abstand zur Nazizeit ein weitaus persönlicheres, in seinem moralischen Anspruch natürlicheres Engagement in Sachen Vergangenheit und Zukunft erlaubte.

Es dauerte dann noch fast 20 Jahre, genauer: bis zu meiner Emeritierung, ehe ich begann, mich für Arendts Werk zu interessieren. Ich war mir, wie sie, der Einmaligkeit der deutsch-jüdischen Symbiose bewußt geworden und begann, mich mit Denkern wie Franz Kafka und Franz Rosenzweig, Hermann Cohen und Walter Benjamin zu beschäftigen, in deren Werken der prekäre Charakter jener Symbiose und ihre Gefährdung paradigmatisch für die gesamte europäische Kultur spürbar sind. Wenig später stellte ich mir die Frage, was mit jenen Repräsentanten deutsch-jüdischer Kultur geschehen war, die zu Beginn der Nazizeit noch ins Ausland fliehen konnten. Eine dieser Repräsentanten war zweifellos Hannah Arendt.

Meinem Versuch, eine kurze Darstellung von Hannah Arendts Leben und Werk zu geben, liegen, außer dem erwähnten Altersunterschied und seinen Implikationen, im wesentlichen drei Voraussetzungen zugrunde. Die erste betrifft meine persönlichen Begegnungen mit Arendt, die zweite die Quelle meiner Kenntnis wichtiger Daten ihres Lebens, die dritte mein Interesse, mich mit einigen Grundfragen der Kultur, die sie repräsentierte und zu deren Überlebenden ich gehöre, auseinanderzusetzen.

Ich bin Hannah Arendt nur dreimal begegnet. Jede dieser Begegnungen war zufällig und, was noch wichtiger ist, fand zu einer

Zeit statt, da ich mich noch nicht mit den Problemen beschäftigte, mit denen sie sich in ihren Schriften auseinandersetzt. Es handelt sich also nur um Eindrücke von einer Persönlichkeit, mit der ich mich zwar bei jeder Begegnung sofort »verstand«, ohne jedoch heute genau sagen zu können, worüber wir redeten. Ich traf Arendt zum erstenmal, als sie einen Vortrag an einem Mädchencollege im Westen des Staates New York hielt, an dem ich unterrichtete, nachdem ich meine Stellung in Arkansas verloren hatte. Es war gerade die Zeit, als ich einen Ruf an die Universität München erhalten hatte und mir überlegte, ob ich ihn annehmen sollte. Nach ihrem Vortrag, der die Auffassungsgabe ihrer Zuhörerinnen weit überstiegen haben dürfte, ging ich mit Arendt auf dem wohlgepflegten Campus spazieren, um ihren Rat einzuholen. Sie meinte, es sei der Mühe wert, eine zeitlich begrenzte Rückkehr nach Deutschland zu versuchen. Das zweitemal sah ich Arendt zufällig im Foyer eines Hotels in Chicago, als ich auf einen Bekannten wartete. Wir hatten eine kurze, intensive Unterhaltung, wie sie unter Menschen stattfindet, die einen ähnlichen Background oder ein ähnliches Schicksal teilen. Zum drittenmal sah ich Arendt in München während einer Pause im Eichmann-Prozeß. Ich glaube, wir sprachen über meine Eindrücke vom damaligen Deutschland.

Der rote Faden

Was die wichtigsten Daten und Ereignisse in Hannah Arendts Leben betrifft, so verdanke ich sie zu einem guten Teil der von einer Schülerin Arendts verfaßten ersten umfangreichen Biographie[3], die sowohl aus dem Nachlaß als auch aus Gesprächen mit Freunden und Bekannten Arendts schöpft. Bei der Auseinandersetzung mit Arendts Werk versuche ich die Vielfalt der Fragen, mit denen sie sich beschäftigt, in einige wenige Problemkomplexe zu bündeln. Ich tue dies zum einen, um die Diskussion ihrer Anliegen übersichtlicher zu machen, natürlich in der Hoffnung, ihre Eigenwilligkeit nicht zu vergewaltigen; zum anderen, um den roten Faden sichtbar zu machen, der sich, wie ich glaube, durch ihr

Leben und Werk zieht und den man vielleicht als »Ambivalenz von dichterischer Sensibilität und politischer Verantwortung des jüdischen Parias im Zeitalter der Assimilation« bezeichnen könnte.

Das folgende Kapitel handelt von Arendts Selbsterfahrung als Paria und der Projektion der in diesem Wort enthaltenen Problematik in die Figur Rahel Varnhagens. Paria hat für Arendt sowohl eine negative als auch eine positive Bedeutung: Es kann sich um einen sozial diskriminierten, aus Fremdbestimmung an Minderwertigkeitsgefühlen leidenden Menschen handeln oder um jenen existentiellen Paria, der unauflösliche Ambivalenzen oder Paradoxien in sich birgt und so der *eigentliche* Mensch ist. Er ist eigenbestimmt, weil er diese Situation frei akzeptiert. Der Jude stellt einen besonderen Fall dar, da seine Eigenbestimmung identisch ist mit der freiwilligen Annahme der Aufgabe, die Gott für ihn vorgesehen hat. In unserem Zusammenhang wäre Paria dann die Bezeichnung für den »leidenden Gottesknecht« im Zeitalter der jüdischen Assimilation an das deutsche Bürgertum. Dieser jüdische Paria oder Assimilant hat nach Arendt die Wahl, Parvenü zu werden, also sich eine Scheingleichheit durch sozialen Aufstieg zu erwerben, oder als echter Paria politisch für seine eigenen Rechte und die aller anderen Parias zu kämpfen. Allein, Assimilation führt notwendigerweise bei dem jüdischen Paria zu einer Teilung seiner Persönlichkeit in deutschen Staatsbürger einerseits und Angehörigen einer jüdischen Konfession andererseits. Bei dieser Teilung bleibt ein unauflösbarer *Rest*. Dieser *Rest* führt bei Rahel zur Scham, bei Arendt zum Stolz, bei Antisemiten zum Glauben an eine weltweite jüdische Verschwörung. Arendt sieht anfangs die politische Verpflichtung des jüdischen Paria im Zionismus erfüllt. Allerdings wendet sie sich schrittweise von diesem ab, als die Idee des Nationalismus europäischer Prägung in ihm die Oberhand gewinnt.

Im dritten Kapitel beschäftige ich mich mit Arendts Untersuchung der Ursprünge totaler Herrschaft. Sie bringt das Anwachsen des Antisemitismus mit dem Niedergang der Funktion der sogenannten Finanzjuden im Nationalstaat in Verbindung. Die koloniale Expansion des Kapitalismus durch den Imperialismus und der Kontakt der Europäer mit fremden Völkern und Kulturen förderten den Rassismus, dem in Europa selbst, vor allem in der Donaumonarchie, das völkische Denken entspricht. An die Stelle des vom Nationalstaat vertretenen Prinzips der Gleichheit aller Bürger tritt zuerst das Parteiensystem, dann die »Bewegung« und letzten Endes der im Terror organisierte Mob.

Das vierte Kapitel behandelt einige der Grundelemente totalitärer Herrschaft, die, nach Arendt, weder aus geschichtlicher Notwendigkeit entsteht noch sich rein geistesgeschichtlich erklären läßt. Anhand des Eichmann-Prozesses in Jerusalem macht sie sich Gedanken über den Charakter und die Motive eines Menschen, der ruhigen Gewissens die Vernichtungsmaschinerie des nationalsozialistischen Regimes bedient, ohne selbst einen einzigen Menschen umzubringen. Gleichzeitig beschäftigt sich Arendt mit der Unmöglichkeit, einem Verbrecher wie Eichmann mit den traditionellen juristischen Maßstäben gerecht zu werden.

Im fünften Kapitel geht es um das Pendant zum jüdischen Paria, nämlich um den deutschen Romantiker. Arendt, die in der deutschen Sprache, Dichtung und Philosophie ihre Heimat sieht, bleibt im Grunde deren Vertretern treu, auch wenn diese, wie Heidegger und Brecht, den politischen Sündenfall begehen und sich in den Dienst totalitärer Herrschaft stellen.

Das sechste Kapitel beschäftigt sich mit dem Ende des Paria. Ironischerweise haben zwei gänzlich verschiedene Versuche, den Paria zu retten, zu dessen Verschwinden von der Weltszene beigetragen: So hat der Zionismus zwar vielen Juden das Leben gerettet, aber für den Paria im Sinne des *eigentlichen* Menschen ist in ihm kein Platz vorhanden. Amerika wiederum war für viele verfolgte Juden ein Ort der Zuflucht; hier ist es die Idee der jüdisch-christlichen Kontinuität, in der sich die Existenz des Paria auflöst.

In Deutschland selbst bahnt sich, fast ein halbes Jahrhundert nach der Ausrottung des jüdischen Paria, zwischen den wenigen deutsch-jüdischen Rückkehrern und Vertretern der jüngeren deutschen Generation eine Beziehung an, die eher auf Arendts Vorstellung von Freiheit und Gleichheit in der überschaubaren

Gemeinschaft als auf die Unterschiede religiöser Traditionen oder Institutionen zurückgreift.

Allerdings steht es noch offen, ob solche durch gemeinsame Bedrohung und Betroffenheit gekennzeichneten Gemeinschaften Einfluß auf die politische Kultur unserer Zeit ausüben können oder aber ein neues Pariadasein entwickeln werden. Vieles wird davon abhängen, ob sie fähig sind, den Elan aufzubringen, der notwendig ist, die geistige Müdigkeit und Selbstgefälligkeit, die heute weite Kreise Deutschlands und anderer europäischer Staaten beherrschen, zu überwinden.

Der Jude als Paria

Hannah Arendt wurde 1906 in Hannover geboren. Als sie vier Jahre alt war, zog sie mit ihren Eltern nach Königsberg. Von dort stammten ihre Großeltern, sowohl mütterlicher- als väterlicherseits. In einem Gespräch mit einem Journalisten bemerkte sie einmal, daß sie zu den letzten Königsbergern gehöre, die noch mit den Händen redeten. Diese Aussage dürfte nicht zutreffend sein, denn ihre Familie gehörte zu jenem gebildeten deutsch-jüdischen Bürgertum, das sich in seinen Umgangsformen in keiner Weise von seiner Umgebung unterschied. Ihre Jugend fiel in eine Zeit, da sich im liberalen, sprich: assimilierten deutschen Judentum die religiöse Tradition längst in tatkräftigen Humanismus aufgelöst hatte. Weder vom schwerkranken Vater, der nur zwei Jahre nach der Übersiedlung starb, noch von der tapferen Mutter hat Arendt eine religiöse Erziehung erhalten; und doch war sie zeit ihres Lebens stolz darauf, Jüdin zu sein.

Die Mutter hatte Hannah schon früh eingeprägt, daß sie sich als Jüdin nie ducken dürfe. Andererseits solle sie nicht jede antisemitische Bagatelle ernst nehmen. Kleinere Unstimmigkeiten mit Schulkameraden zum Beispiel sollte sie selbst regeln. Nur wenn ein Erwachsener, etwa ein Lehrer, eine ungehörige Bemerkung machte, war sie dazu angehalten, die Mutter zu verständigen, die dann der betreffenden Person eine schriftliche Beschwerde zukommen ließ.

Hannah war von Natur aus schüchtern und gehemmt. Trotzdem trat sie gerade ihrer Familie, vor allem aber ihrem Stiefvater gegenüber als unabhängige und selbstbewußte Persönlichkeit auf. Später einmal hat sie ihre Haltung mit der Überzeugung erklärt, daß Familienbande als solche nicht stark genug seien, um besondere menschliche Verpflichtungen oder gar persönliche Freundschaften zu begründen. Ihr Ideal war die Wahlverwandtschaft, der auf geistiger Affinität aufgebaute Freundeskreis. Aber auch außerhalb der Familie zeigte Hannah ein gutes Maß an Stolz und Eigenwilligkeit. Als sie 15 Jahre alt war und einer ihrer Lehrer eine Bemerkung machte, die sie als beleidigend empfand, organisierte sie einen Schülerstreik, der ihre Entlassung von der Schule zur Folge hatte. Darauf ging sie nach Berlin, wo sie als Gasthörerin an der Universität Vorlesungen in klassischer Philologie und Theologie belegte und für kurze Zeit unter den Einfluß von Romano Guardini kam. Guardini machte sie mit den Schriften Søren Kierkegaards bekannt, der ihrer jugendlichen Rebellion eine existenzphilosophische Grundlage gab.

Später erlaubte die Schule ihr, das Abitur als externe Schülerin abzulegen. Sie begann darauf ihr offizielles Studium in Marburg, um es in Freiburg und Heidelberg fortzusetzen. Es war die Zeit, da sie zwei wichtige Beziehungen einging, die sie ihr Leben lang begleiten sollten. In Marburg war es ihr Lehrer Martin Heidegger, mit dem sie bald eine schwärmerisch-romantische Beziehung verband. In Heidelberg war es Karl Jaspers, den sie als väterlichen Freund gewann und bei dem sie mit einer Arbeit über den Liebesbegriff bei Augustinus promovierte.

Rahel Varnhagen

Hannah Arendt entwickelte bald ein besonderes Interesse an der deutschen Romantik. Dabei mögen ihr Freund Benno von Wiese sowie Friedrich Gundolfs Vorlesungen eine Rolle gespielt haben. Jedenfalls schrieb sie zusammen mit dem jungen Philosophen Günther Stern (Anders), den sie 1929 geheiratet hatte, einen Aufsatz über Rainer Maria Rilkes *Duineser Elegien*, der sich vor allem mit Liebe als transzendentalem Prinzip beschäftigte. Im Laufe ihrer vielseitigen Lektüre war sie dann auf die Salons jüdischer Frauen zu Anfang des 19. Jahrhunderts gestoßen, in denen sich einige der bedeutendsten Dichter der Zeit zu treffen pflegten.

Hannah Arendt mit ihrer Mutter, um 1914

Hannah Arendt im Alter von 18 Jahren (1924)

Nach ihrer Übersiedlung nach Berlin im Jahre 1930 begann sich ihr Interesse auf die Person Rahel Varnhagens zu konzentrieren. Bis zu ihrer Auswanderung aus Deutschland im Jahre 1933 hatte sie den größeren Teil eines Buchmanuskripts über Rahel fertiggestellt, dem sie 1938 zwei weitere Kapitel folgen ließ. Während man den Hauptteil des Buches im Lichte einer gewissen Verwandtschaft der Empfindungen Arendts mit denen Rahels sehen kann, sind die letzten beiden Kapitel im Zeichen der damaligen politischen Ereignisse in Deutschland geschrieben. Eigenartigerweise hat Arendt ihr Buch über Rahel erst 20 Jahre später in Amerika veröffentlicht, in einer Phase ihres Lebens, in der die deutsche Romantik und romantische Beziehungen zu deutschen Dichtern und Philosophen neben ihren wissenschaftlichen Bemühungen um die Erforschung totalitärer Herrschaft eine relativ geringe Rolle spielten.

Ein eingehender Vergleich der Persönlichkeiten von Hannah Arendt und Rahel Varnhagen soll hier nicht unternommen werden. Sicher ist, daß Arendt, ähnlich wie Rahel, äußerst verwundbar war. Mag sein, daß es gerade diese Verwundbarkeit, diese eigenartige Schwäche aus jüdischer Sensibilität war, die ihre Anziehungskraft auf Dichter und Philosophen innerhalb der deutschen romantischen Tradition ausübte – im Falle Rahels auf die Besucher ihres Salons, im Falle Arendts beispielsweise auf Heidegger. Rahel war zweifellos, im Gegensatz zu Arendt, keine Intellektuelle; dazu kommt, daß sie, sei es als stark intuitive Persönlichkeit, sei es als Kind ihrer Zeit, ihre Gefühle an die Öffentlichkeit trug und so ihre Verwundbarkeit gleichsam zur Schau stellte, während Arendt stets darauf bedacht war, Gefühle so weit wie möglich zu verbergen.

In *Rahel Varnhagen. Lebensgeschichte einer deutschen Jüdin aus der Romantik*[4] beschäftigt sich Arendt vornehmlich mit der Scham, die Rahel über ihr Judesein empfand, sowie mit Rahels Versuchen, diese Scham zu überwinden. Arendt unternimmt hier keinen systematischen Versuch, über Rahels Lebensgeschichte hinaus den zeitgeschichtlichen Rahmen oder den religionsgeschichtlichen Hintergrund darzustellen, der zur Entstehung jenes Schamgefühls beigetragen haben mag. Zum ersteren gehörten die Geschichte und die Motive der Aufklärer selbst, zum letzteren der Emanzipations- und Assimilationsprozeß der jüdischen Gemeinden. Nun scheinen die Motive der führenden Aufklärer im heutigen Sinn des Wortes nicht immer gerade aufgeklärt oder judenfreundlich gewesen zu sein. So benutzten sie gern das Anders- oder Fremdsein der über die Erde verstreuten Juden als selbstgefälligen Beweis für ihre These, daß alle Menschen als geistige beziehungsweise vernünftige Wesen im Grunde gleich seien. Was den Juden fehlte, war, wie sie meinten, lediglich die Bildung, die ihnen Gleichheit gewähren und sie davon befreien sollte, sich als ein auserwähltes Volk zu fühlen. Arendt meint dazu, daß gerade gebildete Juden, die man als Ausnahmen betrachtete, sehr wohl wußten, daß sie ihre gesellschaftliche Stellung einer Zweideutigkeit verdankten: Man verlangte von ihnen, »Juden, aber nicht *wie* Juden zu sein«[5]. In anderen Worten, gebildete Juden wurden als rationale Wesen besonderer Art akzeptiert; ja, die aufgeklärten Denker der Zeit sahen in der Besonderheit der Juden einen Beweis für die eigene Aufgeklärtheit, nämlich für den Glauben an eine Rationalität, an der die ganze Menschheit trotz aller Unterschiede teilhat.

Auf jüdischer Seite standen Männer wie Moses Mendelssohn der Aufklärung freundlich gegenüber, insoweit diese die jüdische Religion um ihrer »ewigen Wahrheiten« willen als vernünftig betrachtete. Andererseits wollten sie wenig oder nichts von Emanzipation, von der Erweiterung der eigenen bürgerlichen Rechte wissen. Sie mögen gewußt oder geahnt haben, daß das Judentum, wollte man es auf das allein Vernunftmäßige reduzieren, seine Wurzeln und seine Substanz verlieren würde. Welche Veranlassung hätte bestanden, an der jüdischen Religion festzuhalten, wenn diese weiter nichts Besonderes an sich hätte, als (nur) vernünftig zu sein? In der Tat wissen wir, daß mit einer Ausnahme alle Enkel Mendelssohns schon getauft waren. Wir wissen ferner, daß im Lauf von Emanzipation und Assimilation die traditionelle jüdische Konzeption der Auserwähltheit einen vollkommenen Säkularisierungsprozeß durchlaufen hat. Hatten die Juden in ihrer langen Geschichte geglaubt, von Gott auserwählt zu sein, bei der Errichtung des Reiches Gottes in besonderer

Hannah Arendt mit ihrem ersten Mann, Günther Stern (Anders), um 1929

Weise mitzuwirken, so war in den Zeiten der Assimilation an die Stelle dieses Glaubens das Vertrauen in eine Emanzipation durch Bildung getreten, die nur wenig später dazu führte, daß im Erfolg innerhalb der modernen kapitalistischen Gesellschaft die Bestätigung der Auserwähltheit gesehen wurde.

Wenn Arendt Rahel von infamer Geburt, von ärgstem Leid, von Schande sprechen läßt, die kein Mensch und kein Gott ihr abnehmen können, so ist diese Aussage bestimmt durch ihre Stellung in der bürgerlichen Gesellschaft. Im Mittelalter, als die jüdische Gemeinschaft eine Enklave in der christlichen Welt darstellte, von der sie bald geduldet, bald verfolgt wurde, hatte es solche Gefühle und Gefühlsausbrüche wohl nicht gegeben. In der Isolierung von der ihn umgebenden christlichen Welt war die Stellung des Juden, sein Ausgeschlossensein vom sakralen und politischen Leben seiner Umwelt, ein Problem der jüdischen Gemeinschaft, der der einzelne in allen seinen Aspekten angehörte. Mit der Assimilation an die bürgerliche Welt wurde die Stellung des Juden zu einem individuellen Problem. Genauer: durch die Auflösung der ursprünglichen Gemeinschaft wurde der Jude einerseits zum Staatsbürger, andererseits zum Angehörigen einer Konfession. Dabei ging jedoch die Gleichung (beziehungsweise die Angleichung der Juden an die bürgerliche Gesellschaft) nicht ganz auf. Ein unauflöslicher, anscheinend unerklärbarer Rest blieb übrig, der bei Christen Reaktionen wie etwa den Glauben an eine jüdische Verschwörung nährte, bei Juden eine eigenartige Sensibilität hervorbrachte, die man nicht zu Unrecht als Scham bezeichnet hat. Diese Scham hatte mittelbar wohl etwas mit der Reaktion der christlichen Gesellschaft auf jenen unauflösbaren Rest zu tun, unmittelbar mit einer Selbstverleugnung, die letzten Endes die Verleugnung des göttlichen Auftrags bedeutete.

Rahels Salon war wie die Salons anderer Jüdinnen ihrer Zeit in einer Periode des Übergangs entstanden, als es im gemischt adeligen und bürgerlichen Milieu kurzfristig gewisse Freiräume gab, in denen allerdings diejenigen, die sich dort trafen, meist Randfiguren der Gesellschaft waren: Dichter oder Philosophen, die in besonderer Weise den Bruch der Zeit fühlten; standesmäßig ungebundene Schauspieler, vor allem aber Adelige, die sich der bürgerlichen Gesellschaft möglichst ohne Verlust ihrer Privilegien einzugliedern suchten. Nach Arendts Darstellung ist der Salon für Rahel eine willkommene Gelegenheit, ihre gesellschaftliche Ungeborgenheit elegant zu kaschieren. Mit seiner Hilfe versucht sie, ihre gesellschaftliche Position zu normalisieren, was ihr nicht gelingt und nicht gelingen kann. Wäre es ihr gelungen, so hätte sich zwar ihr Gefühl der Scham verflüchtigt, zugleich wäre aber auch der Grund für ihren Salon hinfällig geworden.

Arendt beschreibt, wie Rahels Versuche, sich durch Einheirat in den Adel eine standesgemäße Position zu verschaffen, fehlschlagen. Der geistreiche Zeitvertreib des Salons verhilft ihr zu Liebschaften, aber nicht zu Liebe oder gar Heirat. Da es Rahel nicht gelingt, Gräfin zu werden, also eine in ihren Augen positive Identität zu erwerben, versucht sie verzweifelt, ihre negative Identität, ihren Makel, ihr Judesein, loszuwerden. Als ersten Schritt in diese Richtung unternimmt sie die Abänderung ihres Familiennamens. Sie nennt sich jetzt Rahel Robert. Einige Jahre später entschließt sie sich sogar zur Taufe. Dabei ändert sie den Vornamen in zeitgemäßer Weise in Friederike. Aber auch diese Manöver bleiben ohne Erfolg.

Wenig später weckt Napoleons Siegeszug in ihr die Hoffnung, seine militärischen Erfolge könnten zur Einheit Europas im Zeichen der Aufklärung führen. Sie versucht, Französisch zu lernen. An dieser Stelle unterbricht Arendt ihre Protagonistin, um eine gängige Meinung zu korrigieren: Es sei wohl richtig, Frankreich als das klassische Land der Aufklärung anzusehen, dem auch die Juden einen entscheidenden Schritt zur Gleichberechtigung verdanken. Eigentlich jedoch seien es preußische Beamte gewesen, die als erste die Argumente für die bürgerliche Gleichstellung programmatisch formulierten. Auch die gesellschaftliche Assimilation der Juden sei zuerst von der Aufklärung des gelehrten Berlin in die Wege geleitet worden.

Arendt schildert sodann die geschichtlichen Ereignisse, die Rahels Anpassungsversuche in eine andere Richtung lenken: Rahel läuft zur patriotischen Partei über. Johann Gottlieb Fichtes *Reden an die deutsche Nation* begeistern sie. Arendt gibt uns eine

Erklärung dieser Tatsache, die Rahels eigenes analytisches Denkvermögen wohl weit überstiegen hätte. Sie meint, Fichte habe Rahel von der eigenen, ihr schicksalsmäßig zugeordneten Geschichte befreit, indem er eine Geschichtsphilosophie entwarf, wonach Vergangenheit apriorisch erfaßbar wird und Zukunft sich durch reines Denken erzwingen läßt. Fichtes philosophischer Idealismus scheint somit alles Gegebene, Schicksalhafte zu verneinen und es dem Menschen zu ermöglichen, nicht nur seine Zukunft, sondern auch seine Vergangenheit selbst zu schaffen. Es ist bemerkenswert, daß zwei oder drei Generationen später, als die Assimilation der Juden in Deutschland ihr Ziel erreicht zu haben schien, jüdische Denker, wie Hermann Cohen oder Franz Rosenzweig, gerade diese idealistische Illusion zu entlarven versuchten und gleichzeitig für eine Rückkehr zum Judentum als einer geschichtlichen, existentiellen Gegebenheit plädierten.

Rahels neugebackener Patriotismus, fährt Arendt fort, mußte sich schnell verflüchtigen, da auch er nicht imstande war, sie aus ihrer Isolierung zu befreien. Er kehrte erst in Prag wieder, wo sie den größeren Teil der Kriegsjahre 1813/14 verbrachte. Dort fühlte sie zum erstenmal, daß sie dazugehört: In der Tat handelt es sich bei dem Kampf gegen Napoleon um den ersten Krieg, in dem Juden auf deutscher Seite teilnehmen. Jetzt lohnt es sich, Opfer zu bringen, vor allem wenn dies an sichtbarer Stelle geschieht. Rahel befindet sich zwar in der Fremde, aber diese ist legitimiert durch die kriegsbedingte Flucht; sie ist nicht anders in der Fremde, der geographischen Fremde, als andere Deutsche.

Die Verhältnisse, die Rahels Salon ermöglicht hatten, wurden durch die politischen Ereignisse von 1806 abgelöst. Nun entstanden neue Salons, die einer neuen patriotischen Gesinnung entsprachen. Ihre Mitglieder waren Personen von Rang und Namen. An die Stelle von Offenheit und Unverbindlichkeit traten exklusive Geheimbünde, wie die »Christlich-deutsche Tischgemeinschaft«, deren Statuten Frauen und Franzosen, Philistern und Juden den Zutritt verboten. Rahels adelige Liebhaber finden sie nun finanziell und menschlich uninteressant. Es ist der bürgerliche August Varnhagen, der sich ihrer annimmt und zusammen mit ihr den sozialen Aufstieg versucht, erst als Diplomat, dann auf

Rahel Varnhagen von Ense (1771–1833)

literarischem Gebiet. Im Gegensatz zum Adel und der von ihm propagierten politischen Romantik, die die Stein-Hardenberg-schen Reformen bekämpft, sieht Varnhagen im Aufschwung des ganzen Volkes die Aufhebung aller Stände und im Krieg die große Chance des Bürgertums. Zusammen mit Rahel gründet er in Berlin einen Salon, der zum Zentrum der Goethe-Verehrung wird. Dies entspricht dem bürgerlichen Bildungsideal der Zeit, aber auch Rahels Sehnen nach Befreiung durch die Menschlich-keit reiner Dichtung. Schon lange hatte sie von Goethe ge-schwärmt und ihn einen Vermittler genannt, wohl zwischen dem Leid, das sie erdulden mußte, und dem Trost, den ihr die Sprache in ihrer Vollendung gab. »Lesen Sie [ihn]«, zitiert Arendt aus einem Brief Rahels an eine Freundin, »wie man die Bibel im Un-glück liest.«[6]

Aber auch die Ehe mit Varnhagen sollte Rahels Problem nicht lösen. Denn es gab nicht nur den vulgären Antisemitismus, wie er zu Beginn des Jahrhunderts in Carl Grattenauers Schrift *Wider die Juden* zum Ausdruck kam oder wie er wenige Jahre später, etwas poliert, in den patriotischen Reden der Tischgemeinschaft auftrat. Auch Klemens Graf Metternichs Sekretär Friedrich Gentz, Rahels langjähriger Freund, der sie einmal in einem Brief »das erste Wesen dieser Welt«[7] genannt hatte, frönte dem Antise-mitismus. Ebenso verhielten sich Clemens Brentano und das Ehepaar Achim und Bettina von Arnim, die nicht selten Gäste im Hause Varnhagens waren. Dies bedeutete, unter anderem, daß Rahel gesellschaftlich nur geduldet wurde, wenn sie in Beglei-tung ihres Mannes auftrat. Als dieser nach Rahels Tod ihre Briefe und Aufzeichnungen veröffentlicht, handelt selbst er im Sinne seiner Zeit: Er streicht alle Stellen, die sich auf Rahels Ju-desein beziehen.

Arendts Darstellung nach scheint Rahel angesichts des Todes zu begreifen, daß Judesein nicht in erster Linie eine Art von Re-flex auf das ist, was andere Menschen von einem denken. Auf sich selbst zurückgeworfen, entdeckt sie die Wurzeln ihrer eigenen Existenz. Sie richtet Briefe an ihren Bruder, in denen ganze Ab-sätze mit hebräischen Buchstaben geschrieben sind. Auf dem To-tenbett gesteht sie sich ein: »Was so lange Zeit meines Lebens mir

die größte Schmach, das herbste Leid und Unglück war, eine
Jüdin geboren zu sein, um keinen Preis möcht' ich das jetzt missen.«[8]

Der »eigentliche« Mensch

Nach deutlicher Kritik an Rahels vielfältigen Versuchen, sich
aus dem Judesein herauszumogeln, fällt Arendt ihr abschließendes Urteil: Die Spätentscheidung, Jüdin zu bleiben, habe Rahel
einen Platz in der europäischen Geschichte verschafft. In diesem
Zusammenhang nennt sie Rahel einen Paria. Diesen Ausdruck
übernimmt sie, ohne ihn allerdings näher zu definieren, von Max
Weber. Weber nennt die Juden des Exils ein »Pariavolk«[9]. Er
spricht von »negativer Privilegierung« und meint, daß, je bedrückender die Lage eines Pariavolks ist, um so gewaltiger seine
Erlösungshoffnungen, deren Verwirklichung es durch die gottgebotene Erfüllung religiöser Pflichten näherzubringen versucht.
Weber geht hier von der Diskriminierung des Pariavolks durch
andere Völker aus, also von der gesellschaftlichen Fremdbestimmung des Parias, der durch die Erfüllung gewisser Gebote eine
Art Selbstbestimmung erreicht und dadurch auch seine gesellschaftliche Stellung verbessert. Arendt dagegen sieht in Rahel,
dem Paria, neben der gesellschaftlichen Fremdbestimmung auch
etwas Positives, nämlich den *eigentlichen* Menschen. Auch an dieser Stelle gibt Arendt keine Definition. Das *Eigentliche* kann hier
wohl nichts anderes sein, als was dem Menschen *eigen* ist. Dieses
Eigentliche muß in jedem Menschen wenigstens potentiell vorhanden sein; der *eigentliche* Mensch wäre dann derjenige, der das, was
dem Menschen potentiell eigen ist, zur vollen Entfaltung bringt.
Nun ist der Mensch nicht nur ein Wesen mit unterschiedlichsten
Eigenschaften, sondern auch das Geschöpf, in dem sich letzthin
Unvereinbares trifft: Er ist als Ebenbild Gottes geschaffen und
doch fern jeder Vollkommenheit; er lebt und ist doch dem Tod
geweiht. Der Unterschied zwischen dem *eigentlichen* Menschen
und anderen Menschen kann also nur darin liegen, daß der *eigentliche* Mensch sich selbst bestimmt, indem er die Berufung zur

eigenen Existenz mit allen ihren Ambivalenzen und Paradoxien in freier Entscheidung akzeptiert.

Arendt nennt den Juden den typischen Paria. Vielleicht glaubt sie, daß in ihm der negative oder fremdbestimmte und der positive oder eigenbestimmte Aspekt in besonderer Weise verbunden sind. Mir scheint, daß die Verbindung eher einzigartig als typisch ist. Denn die Stammesgemeinschaft, die am Anfang der jüdischen Geschichte steht, hat ihren Ursprung nicht wie andere Stammesgemeinschaften im Dunkel der Vor- oder Frühgeschichte menschlicher Entwicklung, sondern im Glauben, Gottes auserwähltes Volk zu sein. Was in anderen Stammesgemeinschaften tradierte Sitten und Gebräuche sind, sind bei den jüdischen Stämmen göttliche Gebote, die sowohl ihre stammesspezifische als auch universale Bedeutung haben; in ihrem universalen Anspruch sind sie eine wohl unvollständige, aber doch hoffnungsträchtige Vorwegnahme der Zeit, in der alle Völker dem gleichen Gott dienen und zusammen in Frieden und Gerechtigkeit leben werden.

Erwählung kann, wie ich meine, nur Einbruch des Numinosen in die Geschichte bedeuten. Der jüdische Paria entsteht wie jeder *eigentliche* Mensch durch einen freien Akt der Entscheidung, in dem er die unauflösbaren Widersprüche seiner Existenz wachen Geistes akzeptiert. Das Besondere des jüdischen Parias kann nur darin bestehen, daß Abrahams oder der Propheten freier Entschluß, ihre Eigenbestimmung, eine Antwort auf den Ruf Gottes ist. Das Zögern Abrahams und der Propheten weist auf die unauflösbare Ambivalenz der Freiheit dieser Entscheidung hin. Hätten sie sich der Entscheidung, ihrem »Ja« entziehen können? Hätten sie »nein« sagen können zu dem Auftrag, in all ihrem Denken, Fühlen und Tun den Messias am Ende der Zeiten zu erwarten, das heißt die Zeitlichkeit um der Gerechtigkeit willen auf sich zu nehmen? Deutero-Jessiah hat die Not und Bürde dieser existentiellen Widersprüche in der Figur des leidenden Gottesknechts dargestellt, dessen Kennzeichen das Paradox ist, daß er Gott um so mehr liebt, je mehr er leidet. Das Pendant zur Geschichte des leidenden Gottesknechts ist im bürgerlichen Zeitalter die Geschichte des jüdischen Parias. Indem der Jude den

Versuchungen der Assimilation zum Opfer fällt, entsteht jener geheimnisvolle, unauflösliche Rest, der dem Paradoxon des leidenden Gottesknechts entspricht. Arendt jedoch sieht im Paria in erster Linie ein politisches Problem. Der Paria kann für seine Menschenwürde und seine Menschenrechte kämpfen; er kann aber auch aus Opportunismus darauf verzichten, sich zu wehren. In diesem Sinn unterscheidet sie zwischen dem positiven und dem negativen Typus des Parias. Zum negativen gehören für sie der Parvenü und der Schnorrer. Parvenü ist jener Paria, dem es gelingt, sich gesellschaftlich in einen höheren Stand, eine höhere Klasse hinaufzuarbeiten oder, wie Arendt sagt, hinaufzuschwindeln [10]. Dieser Aufstieg ist jedoch nur ein scheinbarer, denn in der sogenannten guten Gesellschaft fühlt sich der Parvenü weiterhin fremd. Dies war nicht nur das Schicksal Rahels bis kurz vor ihrem Tod; »die Affäre des unglücklichen Hauptmanns Dreyfus hat«, nach Arendt, »aller Welt bewiesen, daß in jedem jüdischen Baron, in jedem jüdischen Multimillionär, in jedem jüdischen Nationalisten noch ein Stück von jenem Paria steckte«, auf den die Menschenrechte keine Anwendung finden [11]. Der Schnorrer dagegen ist der aus dem osteuropäischen Milieu stammende Hausierer oder Bettler, dem im arrivierten westeuropäischen jüdischen Milieu die Rolle des Parias zugeschoben wird. Er hat, laut Arendt, »seine Würde verloren, nicht weil er arm ist, nicht einmal, weil er bettelt, sondern weil er bei denen bettelt, die er bekämpfen sollte, und weil er seine Armut mit den Maßstäben derer mißt, die sie mitverschuldet haben« [12]. Dazu kommt, daß Parvenü wie Schnorrer ihr Pariasein als persönliches Unglück betrachten, anstatt politisch um ihre Menschenrechte und die anderer Parias zu kämpfen.

Der Jude als Paria

Hannah Arendt hat 1944 in einem Aufsatz »The Jew as Pariah: A Hidden Tradition« [13] vier Persönlichkeiten und deren, wie sie meint, positive Reaktionen auf ihr Pariasein vorgestellt: Heinrich Heine, Bernard Lazare, Charlie Chaplin und Franz Kafka. Für

Arendt ist Heine der Schlemihl und der Traumweltherrscher. Beide Bezeichnungen erscheinen mir unzutreffend. Ein Schlemihl ist ein weltfremder Mensch, der Untüchtigsein im großen mit ausgefallener Schlauheit im kleinen verbindet. Er ist ein Typ von Paria, der von der angepaßten Gesellschaft als ein etwas tölpelhafter Außenseiter angesehen wird und in eine schwer zu definierende Traumwelt gehört. Zweifellos wäre Arendts Freund Walter Benjamin eher ein Schlemihl zu nennen als Heine. Benjamin hat sich aus unerfindlichen Gründen jahrelang nicht entscheiden können, ein von Gershom Scholem, dem Historiker der jüdischen Mystik, angebotenes Stipendium an die Universität von Jerusalem anzunehmen, ein Entschluß, der ihm aller Wahrscheinlichkeit nach das Leben gerettet hätte. Im Gegensatz zum Schlemihl, der sich stets unsicher und ängstlich gebärdet, war Heine als Dichter und Politiker ein selbstbewußter und mutiger Akteur. Seine dichterische Begabung und sein kritisches Genie und nicht übersteigerte Sensibilität befähigten ihn, das, was Rahel die »wahren Wirklichkeiten«[14] genannt hatte, von den vermeintlichen Wirklichkeiten der herrschenden sozialen Konventionen und politischen Machtkonstellationen zu unterscheiden. Auch war Heine kein Traumweltherrscher, der in eine unwirkliche Welt entflieht. Gewiß war auch er, wie viele seiner deutschen Zeitgenossen, Romantiker. Gleichzeitig war er jedoch, wie Arendt richtig bemerkt, ein Dichter des Alltags, des deutschen wie des jüdischen, weswegen Arendt von ihm sagt, daß er der einzige deutsche Jude gewesen sei, der sich wirklich sowohl als Deutscher als auch als Jude bezeichnen konnte. Seine Ironie sorgte zudem dafür, daß er vor dem eigenen Gewissen stets Paria blieb. Denn seine Ironie galt nicht nur der Entzauberung der politischen Welt mit all ihren Prätentionen, sondern sie bannte, als Selbstironie, auch die Gefahr, selbst in eine Welt falscher Romantik, falscher Gefühle zu entgleiten.

Der Typ des Parias, den Arendt am meisten bewundert, ist der »bewußte Paria«[15]. Diesen Titel gibt sie dem französischen Anarchisten und zeitweiligen Zionisten Bernard Lazare. Er habe als erster verstanden, daß der jüdische Paria nicht vor allem oder ausschließlich gegen den äußeren Feind, den Antisemiten, kämpfen müsse, sondern gegen den Parvenü, den Feind im eigenen Lager, ja vielleicht im eigenen Herzen. Politisch gesprochen, meint Arendt, war jeder Paria, der kein Rebell wurde, mitverantwortlich für seine eigene Unterdrückung und damit mitverantwortlich für die Schändung der Menschheit in ihm[16]; wobei, nach Lazare, feststand, daß die Unterdrücker im eigenen Lager mit den »hochgestellten Brüdern« im nichtjüdischen Umfeld unter einer Decke steckten. Lazare zieht daraus zwei Konsequenzen: daß der Paria, der Politik macht, notwendigerweise zum Rebell wird und daß der jüdische Paria sich als Vorkämpfer aller Parias betrachten soll[17]. Praktisch heißt dies, daß der Paria »ein für allemal die Privilegien des *Schlemihl* aufgibt, sich losreißt von der Welt der Phantasie und Illusion«[18] und sich mit der wirklichen Welt auseinandersetzt. Auch die Rolle des Schnorrers muß der Paria aufgeben, da er als Schnorrer »automatisch eine der Stützen [wird], die die soziale Ordnung aufrechthalten, von der er selbst ausgeschlossen ist«[19]. »Denn gerade durch das organisierte System der Wohltätigkeit und des Almosengebens ist es den jüdischen Parvenüs gelungen, über ihr Volk eine sichere Kontrolle auszuüben.«[20] Arendt vermerkt allerdings, daß Lazares Anstrengungen vergebens waren, ja daß man sich heute nicht einmal mehr seiner erinnert. Die meisten Parias lehnten es ab, Rebellen zu werden. Sie zogen es vor, entweder den Revolutionär in anderen Gesellschaften statt in der eigenen zu spielen oder sich als Schnorrer die Krümel von den Tischen der Reichen zu sichern.

Nach Arendts Definition fällt Charlie Chaplin unter die Kategorie »der Jude als Paria«, obwohl er nicht Jude ist, jedoch »in künstlerischer Form einen Charakter darstellt, der [auch] aus der Mentalität des jüdischen Parias geboren ist«[21]. Sie nennt die von Chaplin entwickelte Figur des »kleinen Mannes« den grundsätzlich »Verdächtigten«[22], womit meines Erachtens nur auf eine sekundäre Eigenschaft, in anderen Worten: die Reaktion der Umwelt und vor allem der die Macht repräsentierenden Polizisten auf die eigentliche Persönlichkeit des Protagonisten und dessen Verhalten hingewiesen wird. Dieser Protagonist ist ebenfalls ein *Schlemihl*[23], allerdings einer, der »wit«, die Fähigkeit, geschickt zu reagieren, besitzt. Für Arendt ist das Grundproblem in Chaplins Filmen, entsprechend ihrer Idee vom »Verdächtigten«, die ungerechte Behandlung des Parias. Ich glaube, man kann es auch anders sehen. So scheint mir das Problem von Chaplins Protagonisten gerade in der engen Verbundenheit zweier durchaus verschiedener Eigenschaften zu bestehen: in seiner Gutgläubigkeit oder Naivität und in seinem »wit«. Dabei unterscheidet sich die von Chaplin dargestellte Gutgläubigkeit oder Naivität doch wenigstens in Nuancen von der des Schlemihls: Es handelt sich um einen aktiveren Glauben an das Gute, als ihn der Schlemihl besitzt, der eher leichtgläubig als gutgläubig ist. Was den »wit« betrifft, so übersieht Arendt, daß sich Chaplins Paria in einem anderen Medium bewegt als etwa Heine. Heines poetische Sensibilität ist die der Dichtung, seine Waffe gegen die Ungerechtigkeit der Welt die der Ironie. In Chaplins (stummen) Filmen drückt sich die poetische Sensibilität in den dargestellten Situationen und Handlungen aus, während »wit« als Waffe gegen die Unbill der Welt in der Komik der Bewegungen zum Ausdruck kommt. So ist der Kampf zwischen dem »kleinen Mann« und den Tücken des Lebens, einschließlich seiner Auseinandersetzungen mit den Vertretern der Ordnung, eine Angelegenheit unterschiedlicher Bewegungsstile. Der »kleine Mann« ist tänzerisch und schnell, der Polizist bewegt sich ungeschickt und massiv und schießt über sein Ziel hinaus. Ähnlich wie Heine kämpft auch Chaplins Protagonist nicht nur gegen das Negative in der Welt, sondern auch gegen die Gefahren in sich selbst: Wo Heine mit Selbstironie dem romantischen Überschwang entgegentritt, schafft Chaplin die komische Situation, die durch eine kleine List des Schicksals den übermütigen Sieg seines Protagonisten zunichte macht. Das Tänzerische, graziös Spielerische in Chaplins Bewegungen macht den »kleinen Mann«, den Paria, selbst noch den Schlemihl und Schnorrer, liebenswert. Chaplin weiß jedoch sehr wohl, daß weder seine Siege noch seine Niederlagen endgültig sind. Er weiß, daß er Paria bleibt und daß auch alle diejenigen Parias bleiben, denen er die Freuden und Leiden des Alltags in einem anderen Licht erscheinen läßt. Dafür bürgt die Figur des Tramps, der am Ende der Geschichte in eine unbekannte Ferne wandert.

In Franz Kafkas Werk – vor allem im *Schloß* – sieht Arendt weniger eine Darstellung des jüdischen Parias als vielmehr den Menschen-guten-Willens[24], der in unserer Gesellschaft notwendigerweise als Paria erscheint. Bei Chaplin war das Primäre die Persönlichkeit des »kleinen Mannes«, das Sekundäre die Reaktion der Umwelt auf ihn; im *Schloß* ist die Gesellschaft das Entscheidende und K., Kafkas Protagonist, sekundär. Ja, die Gesellschaft findet ihn durchaus überflüssig: Seine Existenz scheint ein bürokratischer »Irrtum«[25] zu sein. K. ist wohl Jude – der einzige im gesamten Werk Kafkas –, da er der Erbe einer Gemeinschaft ist, deren offizielle Vertreter traditionell versucht hatten, sich als Parvenüs den Herrschenden anzubiedern. Er selbst wird weder von den Herrschenden im Schloß noch von den Menschen im Dorf voll akzeptiert; er gehört weder zu den einen noch zu den anderen, sondern ist »überhaupt nichts«[26]. K. möchte sich aller Besonderheiten entledigen und ein normaler Mensch mit den Rechten eines normalen Menschen sein. Er tut dies gleichsam als Kantianer, indem er sich auf universal gültige Prinzipien beruft, um so zu erreichen, was die moderne Welt von einem Juden verlangt, nämlich ein Nur-Einzelner zu werden ohne Zugehörigkeit zu einer unergründlich andersartig erscheinenden Gemeinschaft. Aber auch der Versuch kompletter Assimilation hilft ihm nicht, die normalen Menschenrechte zu erwerben. Er merkt, daß der Mensch-guten-Willens nicht mehr der normale Mensch ist, sondern der außergewöhnliche Mensch, der Paria. Unter dem bestehenden Regime gibt es keinen Platz für den autonomen, den ethischen Menschen. Der *eigentliche* oder normale Mensch kann nur mehr als ein Außergewöhnlicher – als ein Heiliger oder Verrückter – existieren. Zwar lehnt es K. ab, seine normalen Rechte von den Herrschenden als Geschenk zu empfangen, doch zwingt ihn die dem modernen Paria oder dem Einzelgänger eigene Erschöpfung, sich der Tyrannei des Schlosses zu unterwerfen und am Elend der Dorfbewohner teilzunehmen. Mit der Annahme der Stellung eines ärmlichen Hausmeisters an der Dorfschule erwirbt er, ehe er stirbt, eine Art von Schmalspurnormalität. Das einzige, was er vielleicht in seinem Leben erreicht hat, ist, daß er wenigstens half, einigen wenigen Dorfbewohnern die Augen zu öffnen.

Bekanntschaft mit dem Zionismus

Arendt meint, Kafkas Suche nach Zugehörigkeit zu einer natürlichen Gemeinschaft habe im Zionismus eine Lösung gefunden. Mir scheint, als habe es sich vielmehr um die Wiederherstellung eines lebendigen Kontaktes mit der jüdischen Kultur seiner Vorväter gehandelt. Wie dem auch sei, Arendt selbst war schon als Studentin, also vor ihrer Beschäftigung mit Rahel Varnhagen und anderen jüdischen Parias, mit dem Zionismus in Verbindung gekommen, der damals eher kulturelle als politische oder gar nationalistische Ziele hatte. Arendts Studienkamerad Hans Jonas hatte 1926 Kurt Blumenfeld, einen der Sprecher des deutschen Zionismus, zu einem Vortrag in den Heidelberger Zionistischen Studentenclub eingeladen. Arendt war von Blumenfeld, der fast eine Generation älter war als sie, tief beeindruckt. Blumenfeld wandte sich vor allem an jene assimilierten deutschen Juden, die angesichts des wachsenden Antisemitismus zu begreifen begannen, daß Assimilation für sie auf die Dauer keine Lösung sein könne, jedoch nicht willens waren, ihre enge kulturelle Bindung an Deutschland aufzugeben. Arendt selbst plante spätestens seit 1932, Deutschland zu verlassen, hegte jedoch zu keiner Zeit die Absicht, nach Palästina auszuwandern. Bald hatte sie Gelegenheit, andere prominente Zionisten kennenzulernen, aber auch Freunde des Zionismus, wie Waldemar Gurian, der, als Jude geboren, später zum Katholizismus konvertierte. Sie selbst begann in verschiedenen Städten Vorträge über Antisemitismus und Probleme des Zionismus zu halten. Nach der Machtübernahme durch die Nationalsozialisten ging sie auf einen Vorschlag Blumenfelds ein, in der Preußischen Staatsbibliothek antisemitische Äußerungen aus den verschiedensten Kreisen der deutschen Bevölkerung zu sammeln, die auf einem bevorstehenden Zionistenkongreß als Beweis für den Mißerfolg der Assimilation verwendet werden sollten.

Der Machtwechsel veranlaßte Arendt, nicht nur ihre zionistische Arbeit verstärkt fortzusetzen, sondern auch all denen zu helfen, die sich als Verfolgte des Naziregimes an sie wandten. Obwohl sie sich nicht zur politischen Linken rechnete, stellte sie ihre

Wohnung als Unterschlupf für gefährdete Kommunisten und andere Gegner des neuen Regimes zur Verfügung. Ihr Mann, Günther Stern, der mit dem Kommunismus sympathisiert hatte, war kurz nach dem Reichstagsbrand im Februar 1933 nach Paris übergesiedelt. Für Arendt selbst führten Reichstagsbrand und die darauffolgenden Verhaftungen von Freunden zu wachsender Entfremdung vom damaligen Deutschland. Was sie besonders enttäuschte, war die große Zahl deutscher Intellektueller, einschließlich ihrer Freunde Martin Heidegger und Benno von Wiese, die die sogenannte »neue Zeit« begeistert willkommen hießen.

Flucht aus Deutschland

Es dauerte nicht lange, bis Arendt im Zusammenhang mit ihrer Arbeit in der Preußischen Staatsbibliothek verhaftet wurde. Sie selbst schrieb später, sie verdanke es ihrem weiblichen Charme, daß der Beamte, der für ihre Vernehmung verantwortlich war, sie nach einer Woche wieder freiließ. Nach dieser Episode verließ Arendt Deutschland in Richtung Prag, das damals als Hauptstadt der deutschen Emigration galt. Wenige Tage später reiste sie nach Genf weiter, wo sie durch die Vermittlung einer Freundin eine Stellung als Protokollführerin einer internationalen Organisation fand. Aber auch hier blieb sie nur kurze Zeit. Es zog sie nach Paris, wo sich inzwischen die meisten ihrer zionistischen Freunde eingefunden hatten.

Dort erhielt Arendt eine erste Anstellung bei »Agriculture et Artisanate«, einer Organisation, die junge jüdische Flüchtlinge für praktische Berufe in Palästina ausbildete. Nach kurzer Arbeit für die Baronin Rothschild, deren Spendentätigkeit sie zu verwalten hatte, erhielt sie 1935 den Posten der Generalsekretärin des Pariser Büros der Jugend-»Aliya«. Diese Organisation war 1933 von der amerikanischen Jüdin Henrietta Szold zur Betreuung junger Menschen, die vorhatten, nach Palästina auszuwandern, gegründet worden. Arendt interessierte sich besonders für die Dorfkommunen und Kibbuzim, die ihren eigenen politischen Vorstellungen entsprachen.

Gleichzeitig beschäftigte sie sich mit allgemeineren Fragen jüdischer Politik. Dazu wurde sie durch die Lage in Frankreich, vor allem durch den wachsenden Antisemitismus, angeregt. Als Reaktion auf die Machtübernahme durch die Volksfrontregierung unter dem jüdischen Sozialisten Léon Blum war eine Anzahl faschistischer Organisationen entstanden, die offen antisemitische Propaganda betrieben. Die berüchtigte Fälschung »Die Protokolle der Weisen von Zion« wurde zusammen mit aus Deutschland eingeführter oder aus dem Deutschen übersetzter Naziliteratur offen auf den Straßen von Paris verkauft. Im Frühjahr 1938 beschuldigte man die in Frankreich lebenden jüdischen Flüchtlinge, Kriegshetze gegen Deutschland zu betreiben. Gleichzeitig erließ die französische Regierung Dekrete, die die wirtschaftliche Betätigung jüdischer Flüchtlinge drastisch einschränkten.

Was Arendt am meisten provozierte, war die unpolitische, ja politikfeindliche Haltung des französischen jüdischen Establishments. Die Dachorganisation der in Frankreich geborenen Juden, das von den Rothschilds geleitete »Consistoire«, betrachtete die jenseits des Rheins geborenen Juden in ähnlicher Weise, wie die assimilierten Juden Deutschlands die Juden aus dem osteuropäischen Stetlach betrachtet hatten. Das »Consistoire« sah seine eigene privilegierte Stellung durch die Flüchtlinge gefährdet, zumal sich diese nicht der Forderung beugen wollten, sich im Zufluchtsland Frankreich jeglicher politischer Betätigung zu enthalten. Arendt hingegen trat aktiv für den Boykott deutscher Waren ein sowie für die Information der französischen Öffentlichkeit über das, was in Deutschland vor sich ging. Sie nahm an Demonstrationen teil, zum Beispiel als es darum ging, ob ein junger Jude begnadigt werden sollte, der in Davos den dort residierenden Nazistatthalter ermordet hatte. Nach dem Zusammenbruch der Volksfrontregierung bedauerte sie im besonderen, daß es keine Solidarität, keine gemeinsame Politik unter den verschiedenen jüdischen Gruppierungen gab.

Arendt verkehrte in Paris vor allem in Berliner Emigrantenkreisen. Zu den wenigen französischen Freunden gehörten Raymond Aron, der in Berlin unterrichtet hatte, sowie der Edmund-Husserl-Schüler Alexandre Koyré und der Existentialist Jean

Hannah Arendt, um 1936

Wahl. Bei Arendts politischer Fortbildung spielten vor allem ihr zukünftiger zweiter Mann, Heinrich Blücher, und dessen zumeist marxistische Freunde eine wichtige Rolle. Blücher kam aus proletarischem Milieu, hatte sich 1918 den Soldatenräten angeschlossen, war dann in die neugegründete KPD eingetreten und hatte 1919 auf seiten der Spartakisten und Kommunisten gekämpft. Er war keineswegs ein politischer Abenteurer, sondern ein leidenschaftlicher Denker, dem es gelang, seine praktischen Erfahrungen Arendt verständlich zu machen und sie von ihrer fast ausschließlichen Beschäftigung mit jüdischen Problemen abzubringen und auf allgemeinere politische und historische Probleme hinzulenken.

Weiterreise nach New York

Arendt hatte sich 1936 endgültig von Günther Stern getrennt und im Januar 1940 Blücher geheiratet. Im Mai desselben Jahres wurde sie im Lager Gurs interniert, das später einer der berüchtigtsten Sammelpunkte für die Deportation deutscher Juden in die osteuropäischen Vernichtungslager werden sollte. Schon wenige Wochen nach dem Zusammenbruch Frankreichs kam sie jedoch frei. Bald darauf erhielten sie und ihr Mann durch die Vermittlung Sterns Visa für die Vereinigten Staaten. In Marseille traf sie mit Walter Benjamin zusammen, der ihr das Manuskript seiner *Geschichtsphilosophischen Thesen* mitgab. Es war 1941, als sie nach dreimonatiger Wartezeit in Lissabon mit Fahrkarten, die sie von einer jüdischen Organisation in Amerika erhalten hatte, Europa verlassen konnte.

In New York standen Hannah Arendt vorerst 75 Dollar monatlich als Starthilfe von der zionistischen Organisation Amerikas zur Verfügung. Der evangelische Theologe Paul Tillich, den sie aus Frankfurt kannte, führte sie bei einer Selbsthilfeorganisation für Flüchtlinge ein, die für sie eine Stellung in einem Haushalt außerhalb New Yorks fand, wo sie Gelegenheit hatte, Englisch zu lernen. Kurz danach erhielt sie eine Teilzeitdozentur für moderne europäische Geschichte am Brooklyn College. Ihr

Mann fand seine erste Beschäftigung beim »Committee for National Morale«. Später arbeitete er im militärischen Ausbildungsdienst, bei dem er Seminare über deutsche Geschichte für deutsche Kriegsgefangene sowie Vorträge über die deutsche und französische Armee für deutschsprachige amerikanische Offiziere hielt. Gleichzeitig war er bei dem deutschsprachigen Programm des Radiosenders NBC in New York tätig.

Die erste Gelegenheit, sich wieder jüdischen Problemen zuzuwenden, ergab sich für Arendt aus einer Begegnung mit dem jüdischen Historiker Salo Baron, mit dem sie sich über die Entwicklung des Antisemitismus in Frankreich von der Zeit der Dreyfus-Affäre bis zu Pétain unterhielt. Durch Barons Vermittlung erhielt sie den Auftrag, dieses Thema für die Zeitschrift *Jewish Social Studies* zu behandeln. Ab November 1941 konnte sie regelmäßig eine Spalte für den *Aufbau*, ein angesehenes deutschsprachiges jüdisches Wochenblatt, schreiben, das 1939 als Nachfolger des Mitteilungsblatts des Deutschen Clubs von New York entstanden war.

Verhältnis zum Zionismus

Trotz mancher Kritik am Zionismus stand Arendt diesem zu jener Zeit näher als jenen Intellektuellen, die sie gern als »Ullstein-im-Exil-Literaten« bezeichnete und in deren Anspruch, das »andere Deutschland«[27] zu repräsentieren, sie nur eine neue Variante des jüdischen Parvenüs sah. Andererseits lehnte sie alle diejenigen ab, die von deutscher Kollektivschuld sprachen und nie wieder etwas mit Deutschland zu tun haben wollten. Ihr politisches Interesse galt vor allem der Schaffung einer jüdischen Armee – eine Idee, die wohl von ihrem Freund Kurt Blumenfeld stammte. Über 200 Jahre lang waren, wie schon Lazare und andere Pariafreunde Arendts geschrieben hatten, die Juden von Plutokraten und Philanthropen regiert worden; das heißt, wie andere unterdrückte Völker wurden auch die Juden nicht nur von ihren Feinden, sondern auch von ihrer eigenen privilegierten Klasse unterjocht. Eine jüdische Armee sollte nach Arendts Vorstellungen eine alle sozialen Schichten umfassende Volksarmee sein, die fähig war, eine jüdische Identität zu begründen. Gleichzeitig sollte diese jüdische Armee einen Beitrag zu einer künftigen europäischen Föderation leisten, die ihrerseits den Juden eine eigene Heimat innerhalb Europas garantieren würde. Mit anderen Worten, Arendt lehnte die traditionelle zionistische Auffassung ab, die in Palästina allein die Lösung des jüdischen Problems sah und somit notwendigerweise zu einer Vernachlässigung der Bedeutung des Diaspora-Judentums führen mußte. Für Arendt waren die Juden ein europäisches Volk. Deshalb sollte Palästina lediglich ein kulturelles Zentrum sein, keineswegs aber als einzige Rettung für das verfolgte Judentum betrachtet werden. In diesem Zusammenhang lehnte Arendt auch jeglichen nationalistischen Anspruch auf jüdische Auserwähltheit ab. Sie glaubte, ein solcher Anspruch berge den Glauben an einen historischen Determinismus in sich, der entweder zu Passivität und Defätismus führen würde oder zur Illusion, daß Juden imstande wären, jede nur mögliche Katastrophe zu überstehen.

Was die Idee einer jüdischen Armee betraf, so wurde in der Tat zu diesem Zweck eine Resolution im amerikanischen Repräsentantenhaus eingebracht. Allerdings mußte Arendt eine ähnliche Erfahrung wie schon in Frankreich machen: Viele prominente amerikanische Juden fürchteten, daß eine eigene jüdische Politik, wie die Gründung einer jüdischen Armee sie implizierte, bei den Amerikanern Zweifel am Patriotismus ihrer jüdischen Mitbürger wecken könnte. Die Idee einer jüdischen Armee mußte deshalb schon bald fallengelassen werden. Nicht weniger deprimierend war die Entdeckung, daß manche Befürworter einer jüdischen Armee aus Motiven handelten, die denen Arendts diametral entgegenstanden. So gab es zionistische Revisionisten, die Arendt als »jüdische Faschisten«[28] bezeichnete, weil sie eine jüdische Armee allein dazu gebrauchen wollten, die totale Kontrolle über die zionistische Bewegung zu gewinnen.

Eine entscheidende Wende in der Geschichte des Zionismus vollzog sich im Zusammenhang mit der im Mai 1942 abgehaltenen internationalen zionistischen Konferenz im New Yorker Biltmore Hotel. Dort gelang es David Ben Gurion, die Mehrheit der

Hannah Arendt mit ihrem zweiten Mann, Heinrich Blücher, um 1950

Teilnehmer für die Idee eines jüdischen Palästina zu gewinnen, von der er meinte, daß sie für immer die Leiden der Juden beenden würde. Was die Ausführung des Planes betraf, so wurden zwei Vorschläge debattiert: Der eine hatte die Errichtung eines jüdischen Commonwealth zum Ziel, in dem die arabische Mehrheit durch Umsiedlung zu einer Minderheit reduziert werden sollte; der andere sah einen binationalen Staat mit Minderheitsstatus für die Juden vor. Arendt lehnte beide Vorschläge ab: den ersten, weil er die Rechte der Araber in flagranter Weise verletzte, den zweiten, weil sie meinte, die Erfahrung hätte gezeigt, daß eine Föderation verschiedener Nationalitäten nur dann funktioniere, wenn sie ohne Mehrheits- oder Minderheitsstatus für die Teilnehmer auskam. Sie sah in den Vereinigten Staaten ein nachahmenswertes Beispiel, freilich ohne sich darüber klar zu sein, daß es sich bei den amerikanischen Bundesstaaten um äquivalente Verwaltungseinheiten handelte, während im Fall einer föderativen Struktur Palästinas die arabischen und jüdischen Gruppierungen von vollständig verschiedenen historischen Voraussetzungen und Ansprüchen ausgehen würden. Arendt schrieb 1942 drei Aufsätze für den *Aufbau*, in denen sie sich für die Eingliederung Palästinas in das britische Commonwealth aussprach. Gleichzeitig sollte nach Kriegsende eine europäische Föderation ins Leben gerufen werden, die einerseits Palästina als jüdisches Siedlungsgebiet garantieren, andererseits den Antisemitismus als ein Vergehen gegen die menschliche Gesellschaft ächten sollte. Diese Vorschläge hatten zur Folge, daß Arendts Spalte im *Aufbau* durch die eines anderen Autors unter dem Titel »Zionistische Tribüne« ersetzt wurde.

Arendt zog sich in dem Augenblick von der zionistischen Bewegung zurück, wo diese sich von ihren überwiegend kulturellen Zielen ab- und rein politischen Zielen zuwandte. Sie erhielt bald darauf die Möglichkeit, sich unabhängig von der offiziellen zionistischen Politik für jüdische Belange einzusetzen. Sie wurde zur Forschungsleiterin der »Conference on Jewish Relations« ernannt, die später als »Conference on Jewish Social Studies« die Zeitschrift *Jewish Social Studies* veröffentlichte und eine »Commission on European Jewish-Cultural Reconstruction« ins Leben rief. Arendts Aufgabe bestand vor allem darin, eine Liste der jüdischen Kulturgüter zusammenzustellen, die sich noch in Europa befanden. Zu diesem Zweck verbrachte sie den Winter 1949/50 in Europa. Gleichzeitig war sie als Chefredakteurin bei dem jüdischen Verlag Schocken Books tätig, wo sie unter anderem eine Ausgabe der Schriften Bernard Lazares, die zweite Auflage von Gershom Scholems *Major Trends in Jewish Mysticism* und eine deutsche Ausgabe der *Tagebücher* Franz Kafkas besorgte.

Nach ihrem Bruch mit dem offiziellen Zionismus versuchte Arendt in zwei Aufsätzen (»Zionism Reconsidered« und »The Jewish State: Fifty Years After. Where have Herzl's Politics led?«) [29] die Hauptphasen der Entwicklung des Zionismus und die für sie charakteristischen Probleme darzustellen. Sie war der Meinung, daß es in der Geschichte des Zionismus zwei in ihren Ursprüngen und in ihren Zielsetzungen radikal verschiedene Tendenzen gab: die sozialrevolutionären Bewegungen, an denen vor allem die ostjüdische Bevölkerung teilnahm, und die nationalistischen Bestrebungen, die von Vertretern des mitteleuropäischen jüdischen Bürgertums getragen wurden. Der osteuropäische Zionismus, meint Arendt, war lange Zeit mit dem Sozialismus Tolstoischer Prägung verwandt. Seine Anhänger gingen nach Palästina, um durch die Arbeit im Kollektiv eine Art persönlicher Erlösung zu erleben. Es war dieser osteuropäische Zionismus, mit dem Arendt, die deutsch-jüdische Bürgerstochter, sympathisierte. Sie tat dies, obgleich der Kibbuz, den sie als »eine einmalige Verknüpfung von Kultur und Arbeit« [30] bewunderte, ganz augenscheinlich nicht imstande war, als politische Zelle Einfluß auf die Gesamtgestaltung der jüdischen Gemeinschaft in Palästina zu nehmen.

Die nationalistische Tendenz im Zionismus, die sich auf der Biltmore-Konferenz durchgesetzt hatte, war nach Arendt mit dem Namen des Wiener Journalisten Theodor Herzl verbunden, dessen Stil und Ideale sich kaum von denen seiner weniger bekannten Journalistenkollegen unterschieden. Arendt lehnte Herzls Einstellung, die den Antisemitismus als Tatsache beziehungsweise als geschichtliche Notwendigkeit hinnahm, entschieden ab. Herzl hatte aus seiner Überzeugung die Folgerung gezogen, daß man sich realistischerweise mit dem Antisemitismus arrangieren und jeden nur möglichen Vorteil aus ihm ziehen müsse. Praktisch bedeutete dies, den Antisemitismus propagandistisch für die eigene Sache, nämlich den Zionismus, auszunutzen und gleichzeitig »mit den Feinden des jüdischen Volkes Geschäfte zu machen«[31]. Arendt hat diesen Punkt später in *Eichmann in Jerusalem* noch einmal aufgegriffen und anhand von Fakten neueren Datums dramatisch dargestellt. Dabei spielte immer wieder ihre Unterscheidung von Paria und Parvenü eine Rolle: Der Paria kämpft für die Würde des Menschen; der Parvenü nutzt seine Beziehungen aus, um das Beste aus einer schlimmen Situation zu machen. Dies erklärt, warum der Parvenü Herzl schreibt, die Antisemiten »werden unsere verläßlichsten Freunde und die antisemitischen Länder unsere Verbündeten sein«[32], oder warum er »persönlich Verhandlungen mit Regierungen aufnahm«, in denen er »stets an deren Interesse appellierte, durch die Emigration ihrer Juden sich der Judenfrage zu entledigen«[33].

Gleichzeitig wirft Arendt einigen führenden Zionisten vor, »zu glauben, daß die Juden sich in Palästina gegen die ganze Welt halten können und daß sie selbst fortfahren können, alles oder nichts gegen jeden und jedes zu fordern. Hinter diesem Scheinoptimismus verstecken sich jedoch eine umfassende Verzweiflung und eine echte Bereitschaft zum Selbstmord.«[34] Mit dieser Bemerkung scheint sie sagen zu wollen, daß der Versuch absoluter Selbstbehauptung zu absoluter Selbstzerstörung führen muß, aber auch, daß es Völker gibt, die den kollektiven Selbstmord als Beweis für die Richtigkeit ihrer Meinung anstreben, sie seien für immer dazu verurteilt, verfolgt zu werden. Was die Innenpolitik des Judenstaates betrifft, wirft Arendt Herzl vor, an Arbeitskolonnen gedacht zu haben, die wie Truppenkontingente von Ort zu Ort verschoben würden und ihre Bezahlung in Naturalien erhielten. Gleichzeitig sollte jede Opposition von seiten derer unterdrückt werden, die nicht genug Dankbarkeit zeigten für das Land, das ihnen gegeben würde[35].

Arendt hat ihre Einstellung zum Zionismus in einem späteren Gespräch mit Günter Gaus noch einmal zum Ausdruck gebracht. Einerseits kritisierte sie die Tatsache, daß die Juden der Diaspora kein Interesse an politischen Dingen zeigten, andererseits lobte sie das jüdische Volk als »ein Musterbeispiel eines durch die Jahrtausende sich erhaltenden weltlosen Volksverbandes«. Der Weltverlust, den das jüdische Volk in der Zerstreuung erlitten hatte, habe, wie bei allen Pariavölkern, eine ganz eigentümliche Wärme zwischen denen erzeugt, die dazugehörten. Dieses habe sich aber geändert, als der Staat Israel gegründet wurde. »Die spezifisch jüdische Menschlichkeit im Zeichen des Weltverlustes« sei etwas sehr Schönes, »dieses Außerhalb-aller-gesellschaftlichen-Bindung-Stehen, diese völlige Vorurteilslosigkeit«[36]. Sie überlebe jedoch den Tag der Befreiung, der Freiheit nicht um fünf Minuten. Arendt hat den jüdischen Paria zwar immer wieder aufgefordert, sich politisch zu betätigen, um seine Menschenwürde zu verteidigen und seine Menschenrechte zu verwirklichen. Sobald der Paria sich jedoch einer Politik zuwendet, die Macht anstrebt oder gar einer Ideologie dient, löst ihrer Meinung nach diese Politik notwendigerweise jene unauflösbare Verbindung von Sensibilität und Menschlichkeit einerseits und Kampf für die Menschenrechte aller andererseits auf und zerstört den Paria als den *eigentlichen* Menschen.

Ursprünge totaler Herrschaft

Schon während ihres Aufenthalts in Frankreich hatte Hannah Arendt mit der Idee gespielt, eine größere Arbeit über den Antisemitismus zu schreiben. Zwei Ereignisse scheinen sie dann, als sie in Amerika war, dazu bewogen zu haben, sich einige Jahre lang fast ausschließlich mit den Ursprüngen und Grundelementen totaler Herrschaft, darunter dem Antisemitismus, zu beschäftigen. Zum einen war es die Biltmore-Konferenz, die sie von ihrer ursprünglichen Überzeugung abbrachte, der Zionismus sei ein adäquater Rahmen für die politische Betätigung des jüdischen Parias. Zum anderen waren es die Nachrichten, die nur wenige Monate nach der Biltmore-Konferenz aus Europa eintrafen und unwiderlegbar das ganze Ausmaß des Naziterrors bezeugten. Der Totalitarismus, den es bisher nur in der Form des Stalinismus gegeben hatte, feierte nun seinen zweiten Triumph im sogenannten »Dritten Reich«. Arendt entwarf einen Arbeitsplan für ein umfassendes Werk, den sie bis zum Winter 1944/45 so weit fertiggestellt hatte, daß sie ihn einem Verleger vorlegen konnte. Ihr Mann, der in den Jahren 1944–49 ohne feste Anstellung war, konnte ihr aus eigener politischer Erfahrung eine Vielfalt von Anregungen geben. Ihm hat sie das so entstandene Buch, dessen erste Auflage 1951 erschien, gewidmet.

Die Aufgabe, die sie sich mit diesem Werk gestellt hatte, bereitete ihr beträchtliche Schwierigkeiten. Ein Grund dafür war die Tatsache, daß die Neuartigkeit und Komplexität der Materie die traditionellen Methoden der Geschichtsschreibung kaum zuließen. Selbst einen geeigneten Titel für das Werk zu finden war nicht ganz einfach. Für die dreibändige Originalausgabe hatte sie an Titel wie *The Elements of Shame: Antisemitism – Imperialism – Racism, The Three Pillars of Hell, A History of Totalitarianism* gedacht, bevor sie sich für *The Origins of Totalitarianism* entschied. Die Übersetzung ins Deutsche, die sie selbst besorgte und zu der Karl Jaspers ein Vorwort schrieb, erschien 1955 unter dem Titel *Ursprünge und Elemente totaler Herrschaft*; eine englische Ausgabe war 1951 als *The Burden of Our Time* erschienen. In Frankreich, wo bisher keine Gesamtausgabe des Werkes vorliegt, ist der erste Teil *Sur l'antisémitisme,* der dritte *Le Système totalitaire* überschrieben. Für den Leser ergeben sich Schwierigkeiten aus der Tatsache, daß Arendt vor allem im ersten Teil des Buches Aufsätze und Vorträge verwendet, die für andere Gelegenheiten verfaßt worden waren. Dazu kommt, daß keine Einleitung vorhanden ist, die die Absicht der Verfasserin und die Struktur ihres Werkes erklären könnte. Schließlich hat sich Arendt nach Vollendung des Buches durch äußere Ereignisse mehrmals bewegen lassen, ein neues abschließendes Kapitel zu schreiben. So ersetzte sie die ursprüngliche Zusammenfassung durch ein Kapitel, das für ein Buch über den Marxismus geplant und »Ideologie und Terror« überschrieben war. Dieses wiederum wurde unter dem Eindruck des Aufstands in Ungarn durch eine Abhandlung über das Rätesystem ersetzt.

Da Arendt in ihren historischen Schriften selten Definitionen der von ihr benutzten Begriffe und Termini gibt, habe ich mich bei der Darstellung ihrer Gedanken gewisser Passagen aus ihren späteren Büchern bedient, in denen sie von der Beschreibung geschichtlicher Phänomene abrückt und sich als politische Philosophin mit grundlegenden Phänomenen auseinandersetzt.

Die Juden und der Nationalstaat

Die Grundthese ihres Werkes besagt, daß das Schicksal der Juden in der neueren Geschichte eng mit dem des Nationalstaats verbunden sei. Für Arendt ist der Nationalstaat der politische Ausdruck eines im Grunde genommen gesellschaftlichen Phänomens, dessen Entstehung mit dem Beginn der Neuzeit zusammenfällt. Die Begriffe *gesellschaftlich* und *politisch* leitet Arendt ohne Rücksicht auf die unterschiedlichen historischen Situationen von ihrer (idealisierten, ja romantisierten) Vorstellung der griechischen Polis ab. Sie unterscheidet zwei streng voneinander getrennte Bereiche der Polis: den privaten oder ökonomischen und den öffentlichen oder politischen. Im Mittelpunkt des ökonomischen Bereichs, der keine Freiheit kennt, stehen der Haushalt und die Familie; hier werden die lebensnotwendigen Bedürfnisse der Menschen befriedigt. Keine der Tätigkeiten, die nur dem Lebensunterhalt dienen, spielt im politischen Raum eine Rolle. Andererseits ist Wohlstand, also die gesicherte Befriedigung lebensnotwendiger Bedürfnisse, eine Vorbedingung für die Teilnahme am öffentlichen Leben.

Mit dem Nationalstaat entsteht, nach Arendt, ein merkwürdiges Zwischenreich, »in dem privaten Interessen öffentliche Bedeutung zukommt«: die Gesellschaft[37]. Die Polis ist hier gleichsam auf den Kopf gestellt: Der Haushalt, der bei den Griechen eine private, unpolitische Angelegenheit war, ist jetzt Gegenstand der Öffentlichkeit und somit der Politik geworden. Das Gesellschaftliche ist eine Art von Haushaltsraum, aber ein so weit ausgedehnter, daß er die ganze Nation umfaßt. Damit ändert sich auch die Bedeutung von Politik. In der Polis hatte Politik bedeutet, »daß alle Angelegenheiten vermittels der Worte, die überzeugen können, geregelt werden und nicht durch Zwang oder Gewalt«[38]. Anders ausgedrückt: Die von wirtschaftlichen Sorgen und Interessen freien Bürger bewegten sich, so Arendt, in einem macht- und herrschaftsfreien Raum. Nicht so in der modernen Politik, deren zentrale Funktionen Macht und Herrschaft, und zwar im Dienst der Befriedigung vor allem wirtschaftlicher Interessen, sind.

Mit der Entwicklung des Nationalstaates beziehungsweise der modernen Gesellschaft nehmen auch Freiheit und Gleichheit eine neue Bedeutung und Funktion an. Arendt war davon ausgegangen, daß die Menschen von Natur aus ungleich sind und gerade deshalb der Gründung der Polis bedurften, die sie kraft des Gesetzes zu ebenbürtigen Bürgern machte. Erst die Gründung eines politischen Gemeinwesens konnte »den öffentlichen

Erscheinungsraum der Freiheit« garantieren[39]. Andererseits beginnen Freiheit und Gleichheit erst dort, wo der Mensch unabhängig ist von den Zwängen des Haushalts. Angewandt auf die
moderne Gesellschaft bedeutet dies, daß es Freiheit und Gleichheit nur jenseits des Berufs und der Sorge um den Lebensunterhalt geben kann. In anderen Worten: Die im Grunde politischen
Prinzipien von Gleichheit und Freiheit können nicht ohne weiteres auf den ökonomischen Bereich angewandt werden. Dort birgt
das Streben nach Gleichheit die Gefahr der Gleichmacherei in
sich. Begleiterscheinungen der gesellschaftlichen Forderung von
Gleichheit sieht Arendt in Wissenschaften wie Nationalökono-
mie oder Statistik, die »die Berechenbarkeit menschlicher Angelegenheiten […] als selbstverständlich« voraussetzen[40]. Solche
Berechenbarkeit widerspricht Arendts Glauben an die Bedeutung des jeweils Einzigartigen oder Hervorragenden. Die Gleichheit, die sie gelten läßt, gibt es nur innerhalb von Eliten: So gab es
sie etwa unter den freien Bürgern der griechischen Polis, deren
Gleichheit ihnen erlaubte, sich der hervorragenden Leistungen
eines Mitbürgers zu erinnern und ihm damit eine Art von diessei-
tiger Unsterblichkeit zuzusprechen, oder in ihrem eigenen
deutsch-jüdischen Emigrantenkreis in New York.

Den Triumph des modernen oder politischen Antisemitismus
führt Arendt auf zwei parallele Entwicklungen zurück: auf den
Niedergang des Nationalstaats und damit das Ende des jüdischen Einflusses innerhalb dieses Staates. Dabei legt sie großen
Wert auf die Unterscheidung von Einfluß und Macht. Macht
fällt in das Gebiet der Politik und hat demgemäß etwas mit Freiheit zu tun; Einfluß wird allein auf wirtschaftlichem Gebiet aus-
geübt und gehört folglich in den Bereich der Notwendigkeit.

Arendt denkt vor allem an die Rolle privilegierter Juden im
Finanzgeschäft. Diese Rolle verdankten sie dem mittelalterlichen
Gesetz, das Christen verbot, Zins zu nehmen – ein Verbot, das
aus dem Alten Testament stammt, ursprünglich also den Juden
auferlegt war. Das mittelalterliche Zinsverbot bot den Juden die
Chance, in das angeblich unproduktive Geldgeschäft einzustei-
gen. In den frühen Nationalstaaten waren es dann die sogenannten Hofjuden, die jahrhundertelang Kommissionsgeschäfte

machten. So war der Bankier der Königin von England ein spanischer Jude; aber auch die Armeen Cromwells wurden von Juden finanziert. Der Ausdruck Hofjude besagt hier, daß der Betreffende einem Souverän die für Verwaltungsaufgaben oder besondere Unternehmungen notwendigen Finanzen zur Verfügung stellte. Es ist klar, daß diese Ausnahmejuden der Finanz, für die sich Arendt in ihrem Werk unter Vernachlässigung der Masse der jüdischen Bevölkerung interessiert, keine Emanzipation anstrebten, da die Gleichheit vor dem Gesetz sie ihrer privilegierten Stellung beraubt hätte.

Arendt geht nicht nur davon aus, daß die Juden nach der Zerstörung ihres eigenen Staates, also in den fast 2000 Jahren der Diaspora, keine politische Macht besaßen; sie ist sogar davon überzeugt, »daß die Juden weder je wirklich wußten, was Macht war, auch nicht, als sie sie fast in Händen hatten, noch je wirklich Interesse an Macht hatten«[41]. Dazu kommt, daß die christlichen Herrscher nicht dazu neigten, Juden da zu beteiligen, wo wirkliche Macht auf dem Spiele stand[42]. Denn die besondere Funktion der Juden für diejenigen, die die Macht besaßen, war abhängig von der jahrtausendealten Unerfahrenheit der Juden in politischen Angelegenheiten[43] sowie von der Vorstellung, daß Juden auf familiärer, also nichtstaatlicher Ebene international untereinander verbunden waren. Unter diesen Voraussetzungen war es im Interesse der Regierenden, den besonderen Status der Juden zu schützen, zumal, nach Arendts Überzeugung, das Werden des Nationalstaats und die Entwicklung des Berufsbeamtentums im 18. Jahrhundert ohne die Hilfe der Juden nicht vorstellbar seien[44]. Was übrigens die gesellschaftliche Stellung der Hofjuden angeht, so waren diese »von den Fürsten angesehen, aber von der Hofgesellschaft natürlich ignoriert und verachtet«[45]. In der eigenen Gemeinde war der Hofjude zwar Vorsteher, zugleich jedoch wegen seiner privilegierten Stellung am Hofe ein Außenseiter.

Wenn Arendt den Schluß zieht, daß die Juden für den Staat »die zuverlässigste Gruppe der Gesellschaft« waren, »gerade weil sie nicht zur Gesellschaft gehörten«[46], so frage ich mich, ob man nicht Ähnliches von der Mehrheit der Christen, etwa von den Bauern und ihren Dorfgemeinden, sagen könnte. Ich bezweifle auch, daß Arendt recht hat mit ihrer Behauptung, die Juden seien als Volk »ohne Regierung, ohne Land und ohne Sprache sicherlich das an politischen Erfahrungen ärmste Volk Europas«[47]. Gewiß waren die Juden der Diaspora ein Volk ohne Land, wenn man darunter versteht, daß das Land, auf dem sie wohnten oder das sie bearbeiteten, ihnen fast jederzeit genommen werden konnte. Daß sie ein Volk ohne Sprache waren, ist jedoch eine Feststellung, der man nicht zustimmen kann, denn Hebräisch und Aramäisch waren Sprachen, in denen sie seit Jahrtausenden zu Hause waren, die sie beim täglichen Studium der heiligen Texte und Kommentare benutzten; und auch Jiddisch, jener mittelalterliche deutsche Dialekt, der sich im Lauf der Zeit herausgebildet hatte, war über Jahrhunderte eine lebendige Sprache, in der nur Juden die Inbrunst ihres Gebets, den Eifer ihrer gelehrten Argumente und die Interessen ihres Alltags zum Ausdruck brachten. Vielleicht meint Arendt lediglich, daß ihre Sprache in der christlichen Welt weder kulturell noch politisch wahrgenommen wurde.

Waren im frühen Nationalstaat die im Finanzgeschäft tätigen Juden Hofjuden, so wurden sie später zu sogenannten Notabeln. In beiden Fällen waren sie privilegiert, wobei das Privileg im ersten Fall von Fürsten, im zweiten von Vertretern des Nationalstaates verliehen wurde. Die Protektion weniger einzelner wurde nun von der Privilegierung einer größeren Gruppe Begüterter oder dem Staat Nützlicher abgelöst, ein erster Schritt in der Entwicklung, die später zur Gleichberechtigung aller Bürger, ungeachtet ihres Ursprungs, führen sollte. Denn es galt als die wichtigste Aufgabe des Staates, allen Einwohnern eines Territoriums ohne Rücksicht auf deren ethnische Abstammung oder religiöse Zugehörigkeit den gleichen gesetzlichen Schutz zu gewähren.

Im Gegensatz zu den nichtjüdischen Kapitalisten, die Rohmaterialien in Lohnarbeit zu Fertigprodukten verarbeiten ließen, waren die jüdischen Finanziers also lediglich als Geldvermittler tätig. Arendt führt dies darauf zurück, daß selbst nach der Auflösung der jüdischen Gemeindeautonomie im 19. Jahrhundert die maßgeblichen Bindungen der Juden sich auf Familie oder Sippe, nicht auf Gesellschaft oder Staat bezogen. Ich frage mich, ob Arendt mit ihrer These von der besonderen Bedeutung von Familie und Sippe bis in das 19. Jahrhundert hinein vor allem bei den nunmehr sehr selten gewordenen Ausnahmejuden der Finanz nicht selbst einem antisemitischen Stereotyp in die Falle gegangen ist. Was will sie wirklich sagen, wenn sie schreibt: »Aus dem über die Erde verstreuten Volk, das seines Staates verlustig gegangen war, hatten die Ausnahmejuden im Laufe von wenig mehr als hundert Jahren eine über ganz Europa verbreitete Clique herausgespalten, welche überall [...] mit *den* Juden identifiziert wurde«[48]? Meint sie, daß es diese Clique wirklich gab, die das nationalstaatliche Europa praktisch beherrschte? Und wenn ja, war es der Fehler der christlichen Bevölkerung, die Gesamtheit der Juden mit diesen Ausnahmejuden der Finanz zu identifizieren? Was meint sie ferner, wenn sie feststellt, daß jene Ausnahmejuden bei ihren Geschäften, etwa den Staatsanleihen, eine Loyalität an den Tag legten, die »eine Frage des geschäftlichen Anstands«[49] war und nicht etwa bedeutete, »daß man politisch auf einer bestimmten Seite stand oder aus politischer Berechnung die Treue hielt«[50]? Woher kommt dieser Anstand, wenn man doch nicht der Gesellschaft angehört?

Noch schwieriger nachzuvollziehen ist Arendts Gedanke, daß »die Juden [...] eine einheitliche Gruppe außerhalb der Gesellschaft nur so lange bleiben [konnten], wie ein in sich mehr oder minder einheitlicher und gefestigter Staatsapparat sie brauchte und direkt protegierte. Die Zersetzung des Staatsapparates hatte die sofortige Zersetzung des Judentums, das zu dem Staatsapparat so lange gehört hatte, zur Folge.«[51] Hatte sie bisher nur von den Ausnahmejuden der Finanz gesprochen, so bringt sie jetzt den Niedergang des Staatsapparats mit der Zersetzung des gesamten Judentums in Zusammenhang. Auch scheint sie zu glauben, daß die von ihr überbewerteten internationalen Verwandtschaftsbeziehungen der Ausnahmejuden der Finanz, die von Bindungen an einzelne Nationalstaaten unabhängig waren, sich auflösten, sobald diese Bindungen ihre Nützlichkeit für den Nationalstaat verloren hatten. Handelt es sich also doch um rein finanzielle und nicht familiäre Bindungen?

»Im Gegensatz zu den Ausnahmejuden des Reichtums, die notwendigerweise Juden blieben«, gingen, laut Arendt, »die Ausnahmejuden der Bildung der ersten und zweiten Generation fast alle den Weg der Taufe[52]. »Ebenso zwangsläufig wie jüdische Geschäftsleute aller Art im Judentum bleiben mußten, um Geschäfte machen zu können, ebenso zwangsläufig mußten jüdische Intellektuelle das Judentum wenigstens anscheinend verlassen, wenn sie nicht verhungern wollten.«[53] Der Grund für dieses Verhalten lag wohl in der Annahme der Aufklärung, Bildung sei etwas allgemein Menschliches – genauer gesagt: in der Überzeugung, daß das allgemein Menschliche identisch sei mit der von Aberglauben und irrationalen Vorstellungen befreiten abendländischen Tradition, die es den gebildeten Juden nahelegte, sich nunmehr mit ihr voll und ganz zu identifizieren. Dazu kamen sicher die unter Christen herrschende gesellschaftliche Übereinkunft, es sei nicht fein, Jude zu sein, und die Mär, die Juden hätten Jesus gekreuzigt.

Was die Ausnahmejuden der Bildung betrifft, so bedient sich Arendt einer Sprache, die dem Problem nicht voll gerecht wird. Sie spricht von einer »Umwandlung des jüdischen politischen Körpers aus einer demokratischen Gelehrten-Theokratie in eine Art Plutokratie, in das nämlich, was dann später sich als die Notabelnherrschaft innerhalb des jüdischen Volkes«[54] etablierte. Arendt selbst hat immer wieder auf den bezeichnenden jüdischen Mangel an politischem Interesse und an politischer Erfahrung aufmerksam gemacht sowie von der »spezifisch jüdische[n] Menschlichkeit im Zeichen des Weltverlusts« und »diese[m] Außerhalb-aller-gesellschaftlichen-Bindung-Stehen«[55] gesprochen. Man kann schon deshalb nicht von demokratischer Gelehrten-Theokratie sprechen, weil die Gemeinden keine politisch geordneten Gebilde waren, sondern religiös geprägte Gemeinschaften, in denen Sitte und Kult regierten beziehungsweise diejenigen, die dank ihres Ansehens berufen waren, über Sitte und Kult zu wachen. Theokratien waren die Gemeinden nur insofern, als sie von Gottvertrauen und von Gottesdienst geprägt waren – nicht zuletzt in der Form des Dienstes am Nächsten. Daß diejenigen, die sich mehr als andere mit »Lernen«, mit dem frommen

Studium der Heiligen Schrift und deren Kommentatoren be-
schäftigten, größeres Ansehen genossen und in Fragen der Ausle-
gung von Geboten zu Rate gezogen wurden, machte sie nicht zu
Gelehrten im üblichen Sinn des Wortes. Gewiß ging mit der Aufhebung der Gemeindeautonomie und der Eingliederung der Juden als Bürger in den Nationalstaat ein Säkularisierungsprozeß
vor sich, der die Stellung des Rabbi oder traditionellen Talmud-
Gelehrten minderte und den Wissensdurstigen und geistig Be-
gabten dazu verleitete, Intellektueller zu werden, das heißt sich
unabhängig von der einst als alleingültige Aufgabe angesehenen
Erforschung des Willens Gottes mit den Fragen und Aufgaben
einer nunmehr säkularisierten Welt zu beschäftigen. Andererseits waren es ja nicht die neugebackenen jüdischen Intellektuellen, die anstelle der Gelehrten-Theokratie eine Plutokratie errichteten. Wenn es überhaupt innerhalb der nunmehr verbürger-
lichten jüdischen Gemeinden eine Herrschaft der Notabeln oder
gar eine Plutokratie gegeben hat, so waren es die Ausnahmejuden der Finanz, nicht die der Bildung, die dort regierten. Die
jüdischen Intellektuellen versuchten vielmehr, dem Lokalkolorit
und der Enge der Gemeinden zu entfliehen, um sich in der angeblich freien Welt mit ihresgleichen zusammenzufinden.

Der Niedergang des Nationalstaates

Den Niedergang des Nationalstaates sieht Arendt in engem Zusammenhang mit der Krise des Kapitalismus. Diese führt ihrerseits zum Imperialismus, der wiederum den Rassismus nährt.
Bei ihrer Beurteilung des Kapitalismus geht sie von der Unterscheidung zwischen Besitz oder Eigentum einerseits und Erwerb
andererseits aus. Sie bejaht, wie wir gesehen haben, die Vorstellung der griechischen Polis, die im Eigentum die notwendige
Voraussetzung für die Freiheit sieht, lehnt dagegen die neuzeitli-
che Erwerbsideologie ab. Sie meint, es sei ursprünglich Aufgabe
des Staates gewesen, das Eigentum zu schützen, während es später um den Schutz eines sich akkumulierenden Kapitals ging.
Dieser Akkumulationsprozeß ist nach Arendts Überzeugung

überhaupt nur in Gang gekommen, weil man das Privateigentum nicht mehr achtete. Am Anfang der Entwicklung des Kapitalismus stehen die ungeheuren Enteignungen – die Enteignung der Bauern, die ihrerseits eine fast zwangsläufige Begleiterscheinung der Enteignung des Kirchen- und Klostereigentums nach der Reformation war; »auf Privateigentum gerade hat dieser Prozeß niemals Rücksicht genommen, sondern es immer und überall enteignet, wo es mit der Akkumulation des Kapitals in Konflikt geriet«[56]. Die rücksichtslos sich entfaltende Privatinitiative des kapitalistischen Systems hat ferner, wo immer sie zu wirklicher Herrschaft kam, erst einmal ein Massenelend von furchtbarem Ausmaß angerichtet. »In dem Streit zwischen Kapitalismus und Sozialismus«, fügt Arendt hinzu, »wird meist vergessen, daß es der Kapitalismus war, der mit Enteignungen angefangen hat, und daß der Sozialismus in dieser Hinsicht nur dem Gesetz folgt, nach dem die gesamte Wirtschaftsentwicklung der Neuzeit angetreten ist.«[57] In diesem Zusammenhang spielt der Imperialismus eine doppelte Rolle. Einerseits soll er dem drohenden Zerfall des Nationalstaates entgegenwirken, was ihm vorerst etwa 50 Jahre lang gelingt, andererseits ist er ein wichtiger Schritt in Richtung Rassismus.

Der Ursprung des Imperialismus

Arendt nennt zwei Gründe für die Entwicklung des europäischen Imperialismus, dessen Höhepunkt sie zwischen 1884 und 1914 ansetzt. Der eine ist psychologisch; er besteht darin, daß die während des 19. Jahrhunderts zu Wohlstand gekommenen Bürger immer noch von den Vorstellungen und Ängsten der Armen getrieben werden. Deshalb wollen sie immer mehr produzieren. Der zweite Grund ist ein wirtschaftlicher; er liegt in der Tatsache, daß das Kapital selbst nicht mehr genug Anlagemöglichkeiten in Europa findet. Die expandierende Wirtschaft stößt an die Grenzen des Nationalstaates. Sie bedrängt ihn deshalb, sich politisch über die eigenen Grenzen hinaus zu betätigen, um dadurch weiteres Wirtschaftswachstum zu ermöglichen. Der Staat, der innerhalb der eigenen Grenzen zuerst das Eigentum, dann das sich akkumulierende Kapital geschützt hat, schickt jetzt Kapital in die von ihm errichteten Kolonien. Dort wird es ebenfalls vom Staat, wenn nötig sogar militärisch, geschützt, ohne daß es jedoch möglich wäre, die neuen Territorien dem Mutterland einzuverleiben. »Die Nation«, meint Hannah Arendt, »kann keine Reiche gründen, weil ihre politische Konzeption auf einer historischen Zusammengehörigkeit von Territorium, Volk und Staat beruht.«[58] Wir finden deshalb die kolonialen Verwaltungen von den nationalen Institutionen des jeweiligen Mutterlandes getrennt. Dabei spielt es für Arendt prinzipiell keine Rolle, daß die Engländer lediglich Verwaltungsbeamte in ihre Kolonien schickten, während die Franzosen nationalstaatliche Rechte auf ihre Kolonien übertrugen. Wichtig dagegen ist, daß sich die weißen Siedler oder Kolonisatoren einer meist farbigen Bevölkerung gegenüber fanden, die sie als menschlich minderwertig betrachteten. Der Rassismus war somit ein Nebenprodukt des Imperialismus.

Arendt meint, daß etwa zur gleichen Zeit, als der Nationalstaat die imperialistische Expansion förderte, ohne die neuerworbenen Territorien und ihre Bevölkerungen in das nationalstaatliche Konzept integrieren zu können, sich in ihm selbst Tendenzen entwickelten, die seinem ursprünglichen Gleichheitsprinzip widersprachen. Denn im Namen des Volkes wurde nun verlangt, daß nur diejenigen als vollgültige Bürger in den Staatsverband aufgenommen werden sollten, die durch Abstammung und Geburt dem als im wesentlichen homogen angesehenen Körper der Nation angehörten. Nation kann in diesem Zusammenhang auch als eine politisch-kulturelle Körperschaft gedeutet werden, in der es einer Volksgruppe gelungen ist, sich durch das Instrument des Staates die Vorherrschaft auf einem gegebenen Territorium zu sichern. Nationalismus wäre dann die selbstgerechte Haltung einer solchen nationalen Gruppe gegenüber anderen, nicht staatstragenden Nationalitäten und entspräche als interner Imperialismus in etwa dem eben beschriebenen externen Imperialismus der Nationalstaaten gegenüber den Kolonialvölkern.

Arendt weist auf den Niedergang des jüdischen Einflusses sowohl im imperialistischen Geschäft als auch im Nationalstaat selbst hin. »In dem Maße«, schreibt sie, »in dem es sich erwies, daß der Kapitalexport unweigerlich den Export staatlicher Machtmittel nach sich ziehen würde, büßten die Finanziers im allgemeinen und die jüdischen Finanziers im besonderen ihre Stellung in imperialistischen Geschäften ein, deren Führung in die Hände des Industriekapitals hinüberwechselte.«[59] Dieses Industriekapital, das sich in den Händen des aufsteigenden Bürgertums befand, wies auf dem europäischen Kontinent das jüdische Finanzkapital in seine Schranken. »Der letzte Jude, der seine Stellung im Nationalstaat ausschließlich seinen jüdischen internationalen Beziehungen verdankte, war Walther Rathenau, der bekanntlich mit seinem Leben dafür bezahlt hat.«[60]

Eine der wichtigsten Thesen Arendts ist, daß der Antisemitismus »seinen Höhepunkt erreichte, als die Juden ihre Funktion im öffentlichen Leben und ihren Einfluß eingebüßt hatten und nichts mehr besaßen als ihren Reichtum«[61]. Dies bedeutete, daß die Juden für den Staat weniger wichtig geworden waren, so daß dieser weniger Interesse daran hatte, die Juden zu schützen. Gleichzeitig war angeblich unter großen Teilen der Bevölkerung der Haß gegen den Staat gewachsen, und ihn ließ man nun an den Juden aus, die man fälschlicherweise mit der Macht des Staates in Verbindung brachte. Natürlich ist es auch Arendt klar, daß das Entstehen und Anwachsen des modernen Antisemitismus mit dem Prozeß der jüdischen Assimilation, der Säkularisierung und dem Absterben der alten religiösen und geistigen Gehalte des Judentums zusammenfällt. »Das gesellschaftliche Vorurteil«, schreibt sie, »wuchs in dem Maße, in welchem Juden auf Grund ihrer Assimiliertheit in die bürgerliche Gesellschaft einzudringen wünschten.«[62] An die Stelle des christlichen Antisemitismus trat der bürgerliche. Man darf vermuten, daß zwei Phänomene an seinem Entstehen beteiligt waren: Konkurrenzneid im ökonomischen Bereich, wobei der wirkliche oder angebliche Zusammenhalt der Juden eine Rolle spielte, und jenes unheimliche Gefühl gegenüber dem unauflösbaren *Rest*, der trotz aller Assimilationsversuche übrigblieb und zur Entstehung von Legenden wie der von einer jüdischen Weltverschwörung Anlaß gab.

Der Ursprung des modernen Antisemitismus

Während Arendt in ihrer Arbeit über Rahel Varnhagen Antisemitismus mit der politischen Romantik in Verbindung bringt,
meint sie in ihrem Buch über den Totalitarismus, daß man von
antisemitischen Bewegungen erst sprechen kann, »als in den
Jahrzehnten nach dem Wiener Kongreß antisemitische Parolen
sich mit liberalen und radikalen Schlagworten verbinden«[63].
Allerdings blieb dieser Antisemitismus der Linken, wie wir heute
sagen würden, nur insofern von Bedeutung, als er eine bestimmte
Tradition theoretischer Art in der späteren Arbeiterbewegung
begründete, deren klassisches Werk Marx' Jugendschrift *Zur Judenfrage* ist. Marx, aber auch Börne glaubten in jenen Jahrzehnten, die Revolution würde gefördert, »wenn die allgemeine Enteignung der Kapitalisten mit der Enteignung der jüdischen Kapitalisten begonnen würde«[64]. Arendt betont, daß der Antisemitismus als politische Bewegung »weder ein preußisches noch
ein innerdeutsches, sondern von vornherein ein gesamteuropäi-
sches Ereignis«[65] war. Er trat fast gleichzeitig in Rußland,
Deutschland, Österreich und Frankreich auf und war, wenigstens in Deutschland und Frankreich, eng mit der Geschichte
beziehungsweise dem Niedergang des Nationalstaates verbunden. Schon zu Beginn dieser Geschichte hatten Aristokraten gegen das den Nationalstaat tragende Gleichheitsprinzip oppo-
niert. Der eigentliche Niedergang begann jedoch erst, als Parteien aufhörten, Vertreter klar definierter Klasseninteressen zu
sein. Dadurch entstand der Klassenkampf im Sinne des Kampfes
um die Vorherrschaft einer Klasse im Staate. In dessen Verlauf
wurden die Klassenparteien zu Weltanschauungsparteien.
Gleichzeitig vereinsamte das Individuum und wurde Teil einer
anonymen Masse, die ihre Rettung und Apotheose in den Ideologien eines extremen Nationalismus und Rassismus sah. Denn die
neuen Ideologien versprachen dem Individuum ein Maximum
an psychischer Sicherheit im Rahmen einer umfassenden Welt-
anschauung, indem sie die Masse zur triumphierenden Herren-
rasse und zur Vorhut weltgeschichtlicher Entwicklungen hoch-
stilisierten.

Meines Wissens hat Hannah Arendt nie die Frage gestellt, warum Kapitalismus und Individualismus in den Vereinigten Staaten nicht zu ähnlichen Resultaten geführt haben wie in den Nationalstaaten Europas. Die Antwort wäre wohl gewesen, daß die Idee der Gleichheit in Amerika nicht in erster Linie im Staat begründet liegt, der Gleichheit seinen Bürgern als ein Privileg zugesteht. In Amerika denkt man eher an einen Gesellschaftsvertrag, also eine Übereinkunft zwischen Bürgern, die sich Gleichheit gegenseitig garantieren. Wichtig ist dabei, daß es außer dem Gesellschaftsvertrag, der seinen juristischen Ausdruck in der Verfassung hat, auch eine weitverbreitete Ideologie der Chancengleichheit gibt, nämlich den Glauben an die Möglichkeit des einzelnen, am Aufbau des Landes teilnehmen und sich dabei bewähren oder auszeichnen zu können. Diese Ideologie wurde angesichts der wirtschaftlichen Entwicklungen des Landes so kräftig durch die konkrete Erfahrung der Bürger, später auch durch ihre Verbreitung in den Medien gestützt, daß der einzelne seinen Mißerfolg eher als eigenes, schuldhaftes Versagen interpretierte, als ihn dem System oder den herrschenden Kräften zuzuschieben. So entstand selbst in Krisenzeiten keine anonyme Masse, die nach Integration in einer neuen antiindividualistischen Ideologie verlangt hätte.

Arendt stellt fest, daß es neben den Massen im Sinne eines in einigen europäischen Nationalstaaten wirksamen naturalistischen Rassebegriffs vor allem im Vielvölkerstaat Österreich und unter den slawischen Völkern Osteuropas völkische Panbewegungen gab, die dem jüdisch-christlichen Glauben an einen göttlichen Ursprung aller Menschen den göttlichen Ursprung des eigenen Volkes entgegenstellten. Dabei vermischte sich der Auserwähltheitsgedanke sozialdarwinistischen Ursprungs mit dem Auserwähltheitsanspruch pseudochristlicher Provenienz. Naturwissenschaftliche Notwendigkeit und romantischer Schicksalsglaube schienen sich nicht zu widersprechen, auch wenn die Naturwissenschaften ursprünglich dem Fortschrittsglauben huldigten, während die Romantik mit dem Tod kokettierte. Jedenfalls meint Arendt, »daß alle Rassendoktrinen eine starke Affinität zu Untergangslehren haben«[66].

Im ersten Weltkrieg sieht sie die Bankrotterklärung des Nationalstaates. Diese Überzeugung dürfte sich eher auf die Folgen des Krieges als auf seinen Ursprung beziehen. Denn der unmittelbare Anlaß war das Aufbegehren unbefriedigter Nationalitätengruppen gegen die Donaumonarchie, die selbst kein Nationalstaat, sondern ein dynastisch zusammengehaltener Vielvölkerstaat war. Richtig ist allerdings, daß die Degradierung der Verlierer dieses Krieges durch die Sieger den Revanchismus der Unterlegenen stärkte und so zum Bankrott des Nationalstaates beitrug. Dazu kam, daß im Bereich der ehemaligen Donaumonarchie Volksgruppen getrennt und neuen Nationalstaaten anderer Nationalität zugeschlagen wurden, zu denen sie ethnisch nicht gehörten und in denen sie zu Minderheiten wurden, entwurzelt und heimatlos. So entstand, wie Arendt glaubt, eine Atmosphäre des Hasses der Minderheiten aufeinander, wobei die Juden immer als letzte von allen gemeinsam gehaßt wurden[67].

Arendt scheint mir hier die besondere Lage der Juden zu verkennen, denn die Juden waren keine Minderheit im Sinne einer Nationalität, die innerhalb eines Nationalstaates ein geschlossenes Territorium bewohnte. Der Antisemitismus war nicht in erster Linie Haß zwischen Minderheiten. Eine solche Deutung widerspricht auch Arendts eigener Darstellung der besonderen Funktion, die die Juden, vor allem die Ausnahmejuden der Finanz, für den Nationalstaat gehabt hatten, sowie ihrer These von der Entstehung des modernen Antisemitismus als Folge des Niedergangs des Nationalstaates und der Rolle, die den Juden ursprünglich in ihm zufiel. Arendt schließt auch jüdische Gruppen nicht vom Vorwurf des Rassismus aus, etwa die Revisionisten der Herut-Partei, die das Gedankengut des europäischen Nationalismus übernommen hatten. So schrieb sie kurz nach dem zweiten Weltkrieg zusammen mit Persönlichkeiten wie Albert Einstein einen Brief an die *New York Times*, in dem sie dagegen protestierte, daß man dem jüdischen Terroristen Menachem Begin[68] erlaube, nach Amerika zu kommen, um für seine Partei, die Arendt mit den Nazis und den faschistischen Parteien verglich, um Unterstützung zu werben.

Eine ähnliche Verbindung von Rassendoktrin und völkischem Gedankengut wie diejenige, die in den Ländern Südosteuropas vor allem bei den Massen zu finden war, entdeckte Arendt in Großbritannien und Frankreich unter führenden Politikern und Intellektuellen. So sei es Benjamin Disraeli gewesen, der als erster Europäer diese Gedanken vertrat und »viel radikaler als später [der Franzose] Gobineau und viel konsequenter als die wissenschaftlich verkleideten Krämerseelen behauptet hat, daß ›Rasse alles‹ sei und auf dem ›Blut‹ beruhe. In diesem getauften Juden, der vom Christentum wenig und von jüdischer Religion nichts mehr verstand, treffen wir«, wie Arendt meint, »in voller Reinheit jenen naturalistischen Begriff der Auserwähltheit, der dann als ›Salz der Erde‹ und ›Motor der Geschichte‹ die ganze Literatur des assimilierten Judentums beherrscht.«[69] »Disraeli«, so schreibt sie, »dessen Glaube an die Rasse der Glaube an seine eigene war, ist der erste Staatsmann, der an Auserwähltheit glaubt, ohne an den zu glauben, der auserwählt und verwirft, und er ist der erste Ideologe, der es wagte, für das Wort Gott das Wort Blut einzuführen.«[70] Mit seinem jüdischen Rassismus verband Disraeli den völkischen Glauben, daß die »Rechte eines Engländers etwas Besseres beinhalten als die Menschenrechte«[71].

Der Rassismus in Frankreich

In Frankreich fanden Rassenideologie und völkisches Gedankengut eine Vielfalt von Anhängern. So hatte Joseph Arthur Gobineau in seinem 1853 erschienenen Essay *Sur l'inégalité des races humaines* für die Überlegenheit der germanischen Rasse plädiert und eine Neudefinition des Begriffs Elite vorgeschlagen: An die Stelle der untergehenden Aristokratie sollten die Arier treten. Einen ähnlichen Glauben an den überlegenen Genius der »germanischen Nation« legte Hippolyte Taine an den Tag. Es war dann Ernest Renan, der als erster in der Unterscheidung zwischen Semiten und Ariern die grundlegende »Division des genres humaines« zu entdecken glaubte. Allerdings irrt Hannah Arendt, wenn sie aus diesen Behauptungen die Folgerung zieht: Rasse »ist jeden-

falls stets antinational und progermanisch«[72]. Vielleicht hat es
Franzosen gegeben, deren Bewunderung für die germanische
Rasse zu einer Verachtung der eigenen Nationalität und deren
Genius geführt hat; für die meisten Anhänger der arischen Eli-
tetheorien war der geborgte Rassismus lediglich ein Mittel, sich
im eigenen Kulturraum eine Sonderstellung zu verschaffen, und
sei es nur, um sich von den Juden abzugrenzen. Jedenfalls gab
es neben den Rassisten Vertreter der völkischen Idee, die, wie
Léon Bloy, Frankreich so ausschließlich als erstes unter allen
Völkern betrachteten, »daß alle anderen, wer sie auch seien,
sich geehrt fühlen müssen, wenn sie das Brot seiner Hunde essen dürfen«[73].

Arendt glaubt, daß die Juden zum Anwachsen des Antisemitismus dadurch beitrugen, daß sie »trotz der fortschreitenden
Demokratisierung der nationalen Gesellschaft an ihren alten
Vorurteilen gegen das Volk und für die staatliche Macht, welche
sie beschützen sollte«, festhielten[74]. Dies kann meines Erachtens
nur zweierlei bedeuten: zum einen, daß sich die alte jüdische Tradition der Verdammung alles Heidnischen im modernen Nationalstaat in ein Vorurteil gegen das einfache Volk verwandelte
und daß sich nun dieses Volk, mit neuen politischen Rechten
ausgestattet, gegen die Juden wandte; zum anderen, daß die arrivierten Juden die noch Unassimilierten in ihrer Mitte, vor allem
aber die zugewanderten Juden aus osteuropäischen Ländern ab-
lehnten, in deren Verhalten sie eine Ursache des Antisemitismus
sahen. In der Tat ist Arendt davon überzeugt, daß in den zwanziger und dreißiger Jahren des 20. Jahrhunderts der Antisemitismus angespornt wurde durch das Eindringen abenteuerlustiger
und gewinnsuchender, gewinnspürender Elemente, die nicht
dem einheimischen Judentum entstammten und die übrigens die
Rothschilds wirklich fast um ihre Macht gebracht hätten. Arendt
macht sich hier zum Sprachrohr einer Meinung, die unter den
assimilierten Juden Westeuropas weit verbreitet war. Die aus
Osteuropa eindringenden Juden, die unmittelbar mit Verfolgung
konfrontiert worden waren und ausschließlich an das eigene
Überleben dachten, hatten wenig Interesse daran, sich den in der
bürgerlichen Gesellschaft vorherrschenden Umgangsformen an-

zupassen. Von den bildungsbeflissenen arrivierten Juden Westeuropas wurden diese Nachfahren einer spätmittelalterlichen
Kultur deshalb als peinlicher Hinweis auf die eigene Abstammung empfunden.

Die Dreyfus-Affäre

Hannah Arendt sieht in der Dreyfus-Affäre den Höhepunkt des
bürgerlichen oder vortotalitären Antisemitismus, der die letzte
Phase in der Geschichte des Nationalstaates einläutet. Hier findet sie ihre These bestätigt, daß die virulenten Erscheinungen
des Antisemitismus sich nicht in Zeiten bemerkbar machten, in
denen der jüdische Einfluß seinen Höhepunkt erreicht hatte, sondern eher in den Perioden seines Niedergangs. Wie in ganz West-
und Zentraleuropa waren die jüdischen Finanziers auch in
Frankreich aufs engste mit der Staatswirtschaft verbunden gewesen. Aus dem direkten Anleihegeschäft und den Kriegslieferun-
gen des 18. Jahrhunderts hatte sich das Emissionsgeschäft der
Staatsanleihen entwickelt; es beruhte praktisch darauf, daß
staatliche Anleihen vom Publikum nur dann gezeichnet wurden,
wenn jüdische Bankhäuser sie garantierten. Seit der Restaura-
tion der Bourbonen durch die Zeit des Bürgerkönigtums hin-
durch bis ins Zweite Kaiserreich hatte die Familie Rothschild
diesen Zweig der Staatswirtschaft nahezu monopolisiert. Die
Dreyfus-Affäre ereignete sich jedoch nicht im Zweiten Kaiserreich, als das französische Judentum auf der Höhe seines Einflusses stand, sondern in der Dritten Republik, als die Juden zwar
noch auf der politischen Bühne tätig waren, aber alle entscheidenden Posten bereits verloren hatten.

Arendt erwähnt in ihrer Darstellung der Dreyfus-Affäre den
sogenannten Panama-Skandal als ein Ereignis, das dem französischen Antisemitismus einen fruchtbaren Boden für seine spekta-
kuläre Entwicklung lieferte. Man darf nicht vergessen, daß die
Unfähigkeit, den Bau des Panamakanals zu vollenden, nicht nur
eine außenpolitische Schlappe für die Republik darstellte, sondern daß in diesem Zusammenhang über eine halbe Million

mittelständischer Existenzen ruiniert wurde. Was die Rolle der Juden betrifft, so waren Juden weder unter den bestochenen Parlamentariern noch in der Direktion der Compagnie. Doch es waren zwei jüdische Persönlichkeiten, Jacques de Reinach und Cornélius Herz, die miteinander wetteiferten, Bestechungsgelder im Parlament zu verteilen. Unglücklicherweise entschied sich Reinach, ehe er Selbstmord beging, zu einem Schritt, dessen Folgen für das französische Judentum, wie Arendt meint, kaum überschätzt werden können: Er übergab der von Édouard Drumont gegründeten antisemitischen Zeitung *Libre Parole* eine Liste der von ihm bestochenen Parlamentarier – der sogenannten »jacquards« – mit der einzigen Bedingung, daß die Zeitung ihn persönlich bei ihren Enthüllungen verschone. Auch hier meint Arendt, der Antisemitismus sei dadurch gefördert worden, daß »die einheimische französische Judenheit von der Unternehmungslust und Skrupellosigkeit zugezogener deutsch-jüdischer Elemente sich hatte überspielen lassen«[75]. Noch wichtiger ist, daß zur Zeit der Dreyfus-Affäre die Klassenstruktur des Staates schon weitgehend zerrüttet war; daher war der Antisemitismus als Ausdruck von Klasseninteressen einer weltanschaulichen, also alle Aspekte des Lebens umfassenden Idee gewichen; diese Idee wurde nun von einer Masse getragen, die alle früheren Klassen assimiliert hatte und die im Pöbel oder Mob ihren deutlichsten Ausdruck fand.

Gewiß hatte es schon zur Zeit der französischen Aufklärung eine starke Judenfeindschaft gegeben, die im Gegensatz zum Antisemitismus der späteren deutschen antikapitalistischen Linken in den Juden »ein unglückselig in die Neuzeit verschlepptes Stück Mittelalter«[76] sah und sie als die Finanzagenten der Aristokratie und der Reaktion beargwöhnte. Während der Dreyfus-Affäre jedoch, meint Arendt, stand »die ganze zivilisierte Welt wie vor einem Rätsel, als plötzlich auf dem ältesten Kulturboden der europäischen Menschheit und vor der ästhetisch gebildetsten Gesellschaft«[77] eine Welle der Brutalität ausging. Die sich in Frankreich von ihr mitreißen ließen, waren »nicht Scharlatane und von Ressentiment erfüllte Lumpenintellektuelle, sondern – von Fourier bis Giraudoux – höchst fähige Journalisten, wie

Édouard Drumont, und selbst Schriftsteller von Format, wie Bernanos«, die »den Antisemitismus auf ein auch für Intellektuelle annehmbares geistiges Niveau erhoben hatten«[78].

Aber auch andere Stände oder Berufsklassen wie Klerus oder Militär waren an der Verrohung der Kulturnation Frankreich beteiligt. Arendt berichtet von 300 Priestern des niederen Klerus und von mehr als 1000 Offizieren, darunter vier aktiven Generälen, die das sogenannte »Monument Henry« unterzeichneten. Die Unterzeichner benutzten die Gelegenheit ausgiebig, »sich über die Lösung der Judenfrage zu äußern: man solle sie lebendig schinden, wie der Apollo den Marsyas; einen pot-au-feu aus Reinach machen; sie in kochendem Öl kochen; sie bis über die Schultern beschneiden; sie so lange mit Stecknadeln stechen, bis sie krepieren; eine Gruppe von Offizieren erwartet mit Ungeduld den Befehl, die neuen Kanonenmodelle an den hunderttausend Juden auszuprobieren, welche das Land verpesten«[79]. Max Régies, der als Bürgermeister von Algier die dortigen Pogrome leitete, schlug in Paris unter den johlenden Akklamationen des Pöbels vor, »den Baum der Freiheit mit Judenblut zu begießen«[80].

Der Antisemitismus wurde so zum beherrschenden Phantom, gegen welches der gesunde Menschenverstand keine Chance hatte. Der französische Staat brachte es nicht fertig, die erwiesene Unschuld des Hauptmanns Dreyfus auch öffentlich anzuerkennen. Im August 1898 wurde ein Major Esterházy, der Geld unterschlagen hatte, aus der Armee entlassen. Darauf erklärte er am selben Abend, er und nicht Dreyfus habe das belastende Dokument verfaßt, und zwar im Auftrag des damaligen Chefs des Nachrichtendienstes. Wenige Tage darauf gestand der oben erwähnte Oberst Henry seine Fälschungen ein und nahm sich das Leben. Im Juni 1899 kassierte der Kassationshof das Urteil, im August begann der Revisionsprozeß in Rennes. Im September wurde Dreyfus zu zehn Jahren Gefängnis verurteilt und eine Woche später vom Präsidenten der Republik begnadigt. Im Mai 1900 beschloß das Parlament mit überwältigender Mehrheit, keine nochmalige Revision zuzulassen. Im Dezember desselben Jahres wurden sämtliche im Zusammenhang mit der Dreyfus-

Affäre anhängigen Prozesse durch Amnestie als erledigt erklärt. Aber selbst das Kabinett Clemenceau konnte es nicht wagen, die Unschuld des Hauptmanns Dreyfus auf legalem Wege zu bestätigen. Als im Jahre 1908, also neun Jahre nach der Begnadigung und zwei Jahre nach dem Freispruch und der Rehabilitierung, das Ministerium Clemenceau Émile Zolas Leiche ins Panthéon überführen ließ, wurde Dreyfus auf offener Straße von einem Attentäter angegriffen und verwundet. Ein Schwurgericht sprach den Attentäter frei. Als 1931 das Theaterstück *Die Affäre Dreyfus* in Paris zur Uraufführung kam, gab es Gewalttätigkeiten im Theater und auf offener Straße; Stinkbomben wurden ins Parkett geworfen, Stoßtrupps der Action Française terrorisierten Schauspieler und Publikum. Die Regierung Laval erklärte, nicht für die Ruhe bürgen zu können. Die Dreyfusards erlebten nur einen kurzen Scheinerfolg: Das Stück wurde einen Abend ohne Störung gespielt, dann schleunigst vom Spielplan abgesetzt.

Arendt zieht aus dieser ganzen Geschichte die Folgerung, »daß kein Gerichtshof im Frankreich der Dritten Republik genügend Autorität besaß, um wirklich Recht zu sprechen«[81]. Clemenceau muß gewußt haben, daß dies das Ende des Rechtsstaates und damit den Anfang des Untergangs des Nationalstaates bedeutete. An dieser Tatsache konnten weder Zola noch Clemenceau, weder die 300000 Franzosen, die sich Zolas *J'accuse* aus der Hand rissen und den täglichen Leitartikel Clemenceaus lasen, noch alle jene etwas ändern, die »das Unrecht, das einem einzigen jüdischen Hauptmann in Frankreich angetan worden war [...] zu einer vehementeren und einheitlicheren Reaktion veranlaßte, als alle Verfolgungen der deutschen Juden ein Menschenalter später«[82]. Zola wurde aufgrund der in *J'accuse* ausgesprochenen angeblichen Verleumdungen der Armee und des Generalstabs in den Anklagezustand versetzt und in erster und zweiter Instanz verurteilt. »Wäre Zola freigesprochen worden, er wäre nicht lebendig aus dem Gerichtssaal herausgekommen. Der Ruf ›Tod den Juden!‹ klang durch alle Städte.«[83]

Das Jüdischsein

Der Entwicklung des Antisemitismus in Frankreich entsprach auf seiten der französischen Juden das, was Arendt als Übergang vom Judentum zum Jüdischsein oder zur Jüdischheit bezeichnet. Der große Dichter dieses Pervertierungsprozesses war für sie Marcel Proust, den sie immer wieder las und von dem sie behauptet, er hätte sich als Jude ausgegeben, obgleich nur *ein* Elternteil jüdisch war. Arendt meint: »Je mehr [Juden] öffentlich erklärten, nichts als Franzosen, Deutsche, Engländer oder Russen zu sein, desto ausschließlicher wurde ihr Privatleben nichts als jüdisch.«[84] Wenn ich sie recht verstehe, meint sie, daß es für einen Juden nicht angehe, den religiösen Aspekt seines Judentums zu einer Privatsache zu machen. Denn Judesein, auch im religiösen Sinn, ist keine reine Überzeugungs- oder Glaubensangelegenheit, sondern Folge einer göttlichen Berufung, die nicht an einen einzelnen, sondern an ein ganzes Volk erging. Will man diese Berufung verneinen oder auf die religiöse Überzeugung eines einzelnen reduzieren, so bleibt jener schon erwähnte Rest, der sich nicht in eine moderne Staatsangehörigkeit auflösen oder auf sie übertragen läßt. Arendt spricht in diesem Zusammenhang von »Zerrissenheit«, von einem »eigentümliche[n] Verfallensein an das Jüdischsein, das die natürliche Treue und die selbstverständliche Solidarität mit dem Volke ersetzt hatte und das assimilierte Juden kennzeichnet«[85]. Zerrissenheit mag sich auf den Widerstreit zwischen dem Willen zur Assimilation an den modernen Staat und der Unauflösbarkeit jenes *Restes* beziehen, der dieses Streben schicksalhaft vereitelt. Verfallensein an das Jüdischsein wäre dann der Versuch, mit diesem *Rest* zu leben, indem man ihn als objektive Gegebenheit leugnet und in ein, sagen wir, psychologisches Phänomen verwandelt. So entsteht das Paradox der assimilierten Judenheit; es besteht, nach Arendt, darin, daß es »das echte jüdische Nationalgefühl liquidiert und den jüdischen Chauvinismus erzeugt hat«[86]; daß sich manche Assimilanten als »das Salz der Erde dünkten« und »durch ihren Hochmut wirksamer von den Völkern geschieden [waren] als ihre Väter durch den Zaun des Gesetzes; denn der Zaun des Gesetzes, der Israel von den Völkern schied, sollte fallen in den Tagen des Messias«[87].

Arendt sieht im Salon ein wichtiges Symptom, das den Übergang von der Vorherrschaft einer gesellschaftlichen Schicht oder Klasse zu einer anderen kennzeichnet. Zu Zeiten Rahels, in der Epoche der Konsolidierung des Nationalstaates, war es der Übergang vom Adel zum Bürgertum; in der Zeit des Verfalls des Nationalstaates handelt es sich um den Übergang von der traditionellen Klassenstruktur zur Herrschaft der Masse und des Mobs. In beiden Fällen spielen jüdische Parias eine wichtige Rolle – sowohl als reale Persönlichkeiten wie auch als literarische Gestalten. Wie Hannah Arendt die historische Rahel in eine »persona« verwandelt, mit deren Hilfe sie ihr eigenes Schicksal zu klären versucht, so zeigt Proust in der Figur des Swann das Leben des jüdischen Parias innerhalb der mondänen Kreise der ästhetisch-gebildeten Gesellschaft, zu der, wie Arendt schreibt, erst der Zusammenbruch aller Sitten und konventionellen Standards, den die Dritte Republik verursachte, »Juden die Türe geöffnet«, ja der sie »gleichsam in Mode gebracht« hatte[88]. Rahel empfängt in ihrem Salon Besucher von künstlerischer Sensibilität, und indem sie mit einer gewissen Naivität ihr weibliches Empfindungsvermögen ins Spiel bringt, entwickelt sie eine wenigstens oberflächlich wirksame Affinität zu ihnen. Swann hingegen verkehrt 100 Jahre später in Kreisen, in denen Neugier auf Modisch-Schales die Szene beherrscht, geistreiches Geplänkel die Stelle echten geistigen Lebens einnimmt, so daß Arendt meint, Swann sei in diese Gesellschaft, »obwohl er Jude ist«, nur deshalb zugelassen worden, weil er »klüger, gebildeter und vor allem amüsanter ist als andere«[89]. Das Besondere, die Auserwähltheit des Juden, ist hier pervertiert zur pikanten Exklusivität innerhalb einer nicht ganz moralischen Halbwelt.

Aus dem unauflösbaren Charakter jener Restsubstanz, die Hannah Arendt das Jüdischsein nennt, leitet sie auch die Reaktion der Gesellschaft auf eine Person wie Swann ab. Wenn, wie sie glaubt, in einer immer antisemitischer werdenden allgemeinen und politischen Atmosphäre die Menschen immer mehr dazu neigen, Judesein als Verbrechen anzusehen, so liegt es nahe, Jüdischsein als Laster zu betrachten. Zwischen dem Verbrechen und dem Laster sieht sie einen fundamentalen Unterschied. »Verbrechen verüben freie Menschen, die für ihre Untaten zur Verantwortung gezogen werden können. In Laster werden Menschen kraft einer fatalen natürlichen Veranlagung verstrickt.«[90] Damit scheint Arendt darauf hinzuweisen, daß der fromme Jude, der sich zu seinem Judesein voll und ganz bekannte und gerade wegen seiner in der Auserwähltheit begründeten Besonderheit sich frei dem Anruf Gottes stellte, von christlicher Seite als Verbrecher betrachtet und behandelt wurde. Die Säkularisierung, das heißt Verinnerlichung des Judeseins zum Jüdischsein, löst die Verknüpfung von Ethnischem und Religiösem nicht auf; sondern indem sie den Knoten zu einem individuellen Phänomen macht, schnürt sie ihn nur fester, unauflöslicher und schicksalhafter. Arendt fügt hinzu, daß die scheinbare Vorurteilslosigkeit, die im Verbrechen nur ein Laster sieht (also etwas, wofür der aufgeklärte Mensch Verständnis zu haben versucht, da derjenige, der das Laster hat, nicht dafür verantwortlich gemacht werden kann), »überall da, wo man ihr [der Vorurteilslosigkeit] erlaubt, die Gesetze zu diktieren, [sie] sich als grausamer und unmenschlicher als noch so drakonische Gesetze erweisen [wird], die immerhin noch die Verantwortlichkeit des Individuums für seine eigenen Handlungen anerkennen und respektieren«[91]. Das Laster wird somit zur unausrottbaren Natur; ausrotten kann man es nur, indem man den Menschen ausrottet, der mit diesem Laster behaftet ist.

Die Entstehung des Mobs

Arendts ausführliche Behandlung der Dreyfus-Affäre gibt ihr Gelegenheit, ein Phänomen anzusprechen, das sie immer wieder fasziniert hat: die Entstehung des Mobs beziehungsweise das Zusammengehen von Intellektuellen mit dem Mob. Allerdings macht Arendt keinen klaren Unterschied zwischen dem Mob zur Zeit der amerikanischen oder französischen Revolution, dem Mob, der die Dreyfus-Affäre begleitete, und dem, der den Totalitarismus an die Macht brachte. Zweifellos handelte es sich bei dem Mob der Revolutionen um Teile der unteren Klassen, die den Zusammenbruch der alten Ordnung nutzten, um eine neue, den eigenen Interessen entsprechende zu errichten. Was die Intellektuellen betraf, so waren die Vordenker der französischen oder amerikanischen Revolution Philosophen, die versuchten, das neu zu begründende Gemeinwesen auf eine rationale Basis zu stellen. Ihre Kritik am alten System mag sich in den Leidenschaften des Mobs widergespiegelt haben; sie selbst aber standen im Bewußtsein ihrer standes- und bildungsmäßigen Überlegenheit dem Mob fern.

Die Dreyfus-Affäre war dagegen ein Ereignis, das in manchen Aspekten die Rolle des Mobs bei der Entstehung des Totalitarismus schon vorwegnahm. Arendt meint, die Regierenden hätten »in der Tolerierung 'des Rufes: ›Tod den Juden! Frankreich den Franzosen!‹ endlich das große Zaubermittel entdeckt, Seine Majestät den Mob, diesen großen Tyrannen unserer Zeit, mit der bestehenden Gesellschaft und Regierungsform auszusöhnen«[92]. Der antisemitische Mob der Dreyfus-Zeit war kaum durch Klasseninteressen bestimmt; er glich einer amorphen Masse, die durch demagogische Intellektuelle, Ästheten und Literaten, in Bewegung gesetzt wurde. Zur Erhaltung des bestehenden Systems waren Intellektuelle und Mob eine enge Verbindung eingegangen.

Fragt man nach den Ähnlichkeiten des französischen Mobs zur Zeit der Dreyfus-Affäre mit dem deutschen Mob zu Beginn der Nazizeit und nach den Unterschieden der beiden, so zeigt sich, daß sich der Mob in beiden Fällen der Legende von der jüdischen Weltverschwörung bediente, die sich propagandistisch die These von der internationalen Verbundenheit und Abhängigkeit des über die Erde verstreuten jüdischen Volkes zunutze machte. Ferner sah sich der Mob, wie Arendt meint, hier wie dort als Kämpfer »gegen die Heuchelei und Verlogenheit des ganzen ›Systems‹«[93], als dessen wahre Repräsentanten die Juden galten. Heuchelei und Verlogenheit traten natürlich kraß in Zeiten wirtschaftlicher Krisen in Erscheinung, in denen die wirklichen Interessen des Bürgertums und seine Bildungsideale besonders weit auseinanderklafften. Dazu kommt, nach Arendt, eine gewisse »Selbstlosigkeit« des Mobs, die im Gegensatz steht zu den klassenkämpferischen Ideologien seiner Vorgänger. Sie meint wohl damit, daß der Mob keine klar erkennbaren Interessen vertritt, sondern frei von jeglichen politischen Vorstellungen sich am eigenen Aktivismus, an der eigenen Bewegung, ergötzt.

Gewisse Ähnlichkeiten bei der Entstehung des Mobs zur Zeit der Dreyfus-Affäre und der des Nazimobs mag man darin sehen, daß sich beide in Kulturnationen herausbildeten; auch darin, daß in Frankreich der Panama-Skandal zum Zusammenbruch einer großen Anzahl von Existenzen führte, ein Vorgang, den in Deutschland Inflation und Arbeitslosigkeit in noch stärkerem Maße bewirkten; oder schließlich darin, daß in Frankreich die Gerichte unfähig waren, der antisemitischen Bewegung durch die volle Rehabilitierung des Hauptmanns Dreyfus Einhalt zu gebieten.

Natürlich gab es auch wesentliche Unterschiede. So waren die Intellektuellen Frankreichs, die den antisemitischen Mob anfeuerten, überzeugte, wenn auch falsche Patrioten, während es sich in Deutschland eher um eitle Professoren handelte, die sich in liebedienerischer Weise dem Mob empfahlen. Außerdem war der Antisemitismus in Frankreich ein Symptom des Niedergangs des Nationalstaates, in Deutschland dagegen ein Instrument zur Errichtung eines Terrorregimes. Und last but not least: Frankreich überlebte als Nationalstaat, sowohl zur Dreyfus-Zeit als auch nach seiner Niederlage zu Beginn des zweiten Weltkrieges, während Deutschland mit dem Zusammenbruch der Naziherrschaft als Nationalstaat zugrundeging.

Hannah Arendt hat sich in ihrer geschichtlichen Darstellung des Antisemitismus nur wenig mit diesen Fragen beschäftigt. Erst im Kapitel über den Totalitarismus versucht sie, über dessen Ursprünge hinaus seine Grundelemente zu beschreiben und zu analysieren.

Elemente totaler Herrschaft

Arendts Darstellung der Ursprünge und Grundelemente totaler
Herrschaft unterscheidet sich im großen und ganzen sowohl von
der geistesgeschichtlichen Interpretation eines Eric Voegelin
oder Waldemar Gurian als auch von der sozialwissenschaftlichen
eines David Riesman. Voegelin und Gurian sahen im Totalitarismus eine logische Folge des modernen Säkularismus[94]. Arendt
dagegen meint, daß die Grundelemente des Totalitarismus
nichts mit den großen politischen und philosophischen Traditionen zu tun haben[95]. Der totalitäre Terror bleibt für sie ein Phänomen ohne Präzedenzfall und letztlich unerklärbar. Sie bringt
einerseits den totalitären Terror mit »unterirdischen Strömungen«[96] in Verbindung und behauptet andererseits, er sei weder
durch die Originalität seiner ideologischen Inhalte gekennzeichnet noch durch die Besonderheit seiner Schlagworte, sondern
allein durch die Eigenart seiner Organisationsform[97]. Wichtig ist
für Arendt, daß jene unterirdischen Strömungen nicht wirksam
werden konnten ohne den Niedergang gewisser Traditionen. Die
Geschichte dieses Niedergangs ist deshalb für Arendt ein wichtiger Gegenstand der Forschung. Das gleiche gilt für die Entstehung der Organisationsformen, die für die Herrschaft des Terrors typisch sind. Was das erste Thema betrifft, so scheint sich
mir Arendts Interpretation nicht radikal von jener der genannten
Vertreter der geisteswissenschaftlichen Schule zu unterscheiden;
denn was Voegelin oder Gurian als Säkularisationsprozeß bezeichnen, entspricht bei Arendt in etwa dem Niedergang der Traditionen. Der wesentliche Unterschied zwischen beiden Auffas-
sungen liegt darin, daß die geisteswissenschaftlichen Interpreten

im Säkularisationsprozeß eine der Ursachen für die Entstehung des Totalitarismus sehen, während er für Arendt lediglich eine *Voraussetzung* für das Virulentwerden jener unterirdischen Strömungen ist. Allerdings wendet sich Riesman gegen zwei Aspekte der Interpretation Arendts: zum einen gegen zu allgemeine Aussagen, die der empirischen Begründung entbehren, zum anderen gegen die Annahme, daß die Nazis von Anfang an wußten, was sie wollten[98], in anderen Worten: gegen die Auffassung, daß bei ihren Planungen und Aktionen der Zufall keine Rolle spielte.

Niedergang der etablierten politischen Strukturen

Der Niedergang der Traditionen, den Arendt beschreibt und beklagt, bezieht sich vor allem auf die etablierten politischen Strukturen. Ganz allgemein vollzieht sich in den Dezennien vor der Machtübernahme Hitlers ein Wandel: von der Vorherrschaft von Strukturen hin zur Vorherrschaft von Prozessen, vom Staat hin zur Partei, von der Partei zur Bewegung. Der Staat hat im sogenannten Dritten Reich nur noch zwei Funktionen. Er ist einerseits die Fassade, die das Land nach außen, genauer: gegenüber den Staaten mit nichttotalitären Regierungen, repräsentiert; er ist andererseits innerhalb des Landes »ein Mittel zum Zweck der Erhaltung der Rasse, genauso wie der Staat bolschewistischer Propaganda zufolge nur ein Instrument des Klassenkampfes ist«[99]. Die Entwicklung von Parteien zu Bewegungen vollzieht sich parallel zum Niedergang des Nationalstaates: Am Anfang standen Parteien, die Klasseninteressen vertraten und sie in Ideologien artikulierten. Danach kamen Weltanschauungsparteien, die durch umfassende, eher kulturphilosophische »Ideen« bestimmt waren. Am Ende lösten sich selbst diese Ideen auf. Was blieb, war eine allumfassende »Bewegung« oder Einheitspartei. Dies war der Punkt, an dem der Niedergang der etablierten politischen Strukturen mit dem Aufwallen dessen zusammentraf, was Arendt »unterirdische Strömungen« nennt. Insoweit eine Bewegung eine Richtung hat, wird diese, laut Arendt, durch einen »Mythos« bestimmt.

Ein Element des Totalitären ist bereits in diesem frühen Stadium seiner Entwicklung deutlich sichtbar: Die Bewegung ist nicht nur allumfassend, das heißt erfaßt *alle* Menschen innerhalb ihres Wirkungsbereichs, sondern sie bemächtigt sich auch jedes einzelnen Menschen in seiner Ganzheit, so daß eine Trennung von privatem und öffentlichem Bereich nicht mehr möglich ist. Mit dieser totalen Erfassung geht paradoxerweise die Atomisierung und Isolierung der Menschen innerhalb der Gesellschaft Hand in Hand; der normalerweise für die Freiheit des einzelnen notwendige, Abstand ermöglichende Zwischenraum zwischen Mensch und Mensch wird abgeschafft. Arendt spricht im Zusammenhang mit den totalitären Massen von deren »Selbstlosigkeit und Desinteressiertheit am eigenen Wohlergehen«[100]. Diese Selbstlosigkeit bedeutet natürlich nicht eigentlich Altruismus, nicht sich opfernde Hingabe an eine Sache oder ein Ideal, die ein eigenständiges Individuum voraussetzen, sondern die Aufgabe von Klassen- oder Eigeninteressen im Nebel der Bewegung, ein Aufgehen in einem im Grunde inhaltslosen Schwall der Begeisterung.

Arendt betont, daß die »Bewegung« und der aus ihr erwachsende Totalitarismus ihre eigenen Organisationsformen entwickeln. Man denke nur an die Notwendigkeit gezielter Propaganda, die im Fall des Nationalsozialismus durch Fabeln wie die von der jüdischen Weltverschwörung immer wieder neue Antriebe für die Bewegung schuf. Dazu kamen Anstrengungen »wissenschaftlicher« Art, die den Aktionen des Mobs Respektabilität verschaffen und die Verschmelzung der Intellektuellen mit dem Mob ideologisch begründen sollten. Nicht weniger wichtig war die Aufgabe derer, die die Bewegung und ihr Endziel juristisch zu legitimieren hatten. So unterschieden die Nürnberger Gesetze zwischen Vollbürgern und Staatsangehörigen, das heißt Bürgern zweiter Klasse. Damit bereiteten sie den Verlust der Staatsangehörigkeit auf dem Verordnungsweg für all diejenigen vor, die »artfremden Blutes«[101] waren. Diese Verfahrensweise ist für Arendt ein wesentlicher Bestandteil der auch für totalitäre Systeme typischen Herrschaftsform Bürokratie, »in welcher Verwaltung an die Stelle der Regierung, die Verordnung an die Stelle des Gesetzes und die anonyme Verfügung eines Büros an die Stelle öffentlich-rechtlicher Entscheidungen tritt«[102]. Der »Verwaltungsmassenmord«[103], in dem Verordnung und Terror sich nahtlos zusammenschließen, ist dann nur das letzte Stadium einer konsequenten Entwicklung.

Was Arendt 1933 am meisten schockierte, war, wie schon erwähnt, die Selbstverständlichkeit, mit der sich Intellektuelle gleichschalten ließen. »Kultiviertheit und ausgeprägte Geistigkeit« hinderten niemanden daran, »die vulgärsten Theorien zu akzeptieren, wenn diese nur erst einmal die Massen ergriffen hatten.«[104] Eine Erklärung hierfür glaubt sie darin zu sehen, daß die mit dem Mob sympathisierenden Intellektuellen ebenso wie dieser außerhalb des Klassen- und Nationalstaatssystems standen[105]. Vielleicht wäre es genauer zu sagen, daß die Massen außer der Zugehörigkeit zu einer Klasse auch der ihrer Nationalität zugrundeliegenden Volkskultur verlustig gegangen waren und die Intellektuellen ihrerseits ihr Eingebundensein in eine nationale Kultur verloren hatten, die zugleich eine Variante der umfassenderen humanistischen Kultur war.

Ich glaube, man sollte in diesem Zusammenhang mehrere Typen von Intellektuellen unterscheiden, von denen jeder seine besonderen Einstellungen und Motive hatte. Da gab es den sozialkritischen Typus, der natürlich gegen das Regime war und deshalb das Land verlassen mußte, oder den christlichen Theologen, der wie Arendts Freund Tillich ebenfalls auswanderte oder wie Martin Niemöller und Pater Alfred Delp sich im »Reich« dem Regime widersetzte. Auch für die Kollaborateure waren unterschiedliche, sich gelegentlich überschneidende Motive entscheidend. Ich denke an den weltfremden Wissenschaftler, der sich durchaus um gültige Werte und Werke bemühte, aber nicht fähig war zu erkennen, daß diese nicht die mitmenschliche Verbindlichkeit im Alltag bestimmen oder ersetzen können. Ich denke ferner an den prestigesüchtigen Dichter oder Denker, dessen Streben nach privater Sicherheit und Familienglück in der vortotalitären Zeit dem Typus des unpolitischen Bürgers entsprach. Vor allem aber denke ich an den späten Erben der romantischen Tradition, der die Möglichkeit zu erkennen glaubte, endlich den Konflikt zwischen Geist und Macht überwinden und in der Identifikation mit dem Regime die Synthese beider vollziehen zu können.

»Power« und Violenz

Man kann in Arendts Darstellung der Entstehungsgeschichte des Terrors eine Sequenz von Organisationsformen finden, die mit »power« beginnt – ein Wort, für das es im Deutschen kein Äquivalent gibt –, zu Violenz degeneriert und im Terror endet. »Power« entspricht nach Arendts Meinung »der menschlichen Fähigkeit zu handeln, und zwar im Verbund mit anderen«[106]. »Power« charakterisiert »den öffentlichen Bereich, den potentiellen Erscheinungsraum zwischen Handelnden und Sprechenden«[107]. »Alle politischen Institutionen sind Manifestationen und Materialisierungen von ›power‹«[108], die selbst »keine Rechtfertigung braucht, eben weil sie der Existenz politischer Gemeinschaften inhärent«[109] und somit Ausdruck von Vernunft ist.

Arendt warnt davor, Violenz mit »power« gleichzusetzen. Der Verlust von »power« führt nicht selten zur Versuchung, ihn durch Violenz auszugleichen. Violenz wiederum »kann ›power‹ zerstören, doch ist sie unfähig, ›power‹ zu schaffen«[110]. Ist »power« die Grundlage des eigentlich Politischen und Ausdruck von Vernunft, so finden wir Violenz lediglich am Rande des Politischen – als Instrument dessen, was die zum Verstand degenerierte Vernunft sich als Ziel gesetzt hat. Arendt nimmt zwar die klassischen Rechtfertigungen von Violenz zur Kenntnis: daß etwa Marx Violenz als notwendigen Teil der revolutionären Geburtswehen einer Gesellschaft sieht oder Sorel sich auf ihre wesentlich schöpferische Natur im Kampf der arbeitenden Klasse gegen die der Konsumenten beruft; oder daß Sartre Violenz als wesentliches Instrument zur Selbsterschaffung des Menschen versteht. Andererseits aber setzt Arendt ihren eigenen Glauben an die gewaltlose Methode den verschiedenen Ideologien der Gewalt entgegen. Im besonderen bezeichnet sie es als gefährliche

Illusion, die »power« eines Landes, also die Fähigkeit, Macht auszuüben, an seiner Fähigkeit zur Gewaltanwendung zu messen. Ihrer Meinung nach ist eine der ältesten Einsichten der politischen Philosophie die Überzeugung, daß Gewaltanwendung eine der größten Gefahren für die »power« – im Sinne von Vitalität – eines Gemeinwesens, vor allem von Republiken, sei. Arendt konnte nicht voraussehen, daß eine amerikanische Regierung ihre (Arendts) Unterscheidung von Violenz, die sie als charakteristisch für autoritäre Systeme ansah, und Terror, durch den sich totalitäre Regime auszeichnen, dazu benutzen würde, um rechte Militärdiktaturen im Gegensatz zu kommunistischen Regimen zu dulden oder gar zu unterstützen.

Terror als Organisationsform

Terror ist, so Arendt, das spezifische Kennzeichen des Totalitarismus. Wie das Phänomen des Totalitarismus selbst ist auch der Terror im Grunde unerklärbar. »Terror ist keineswegs das gleiche wie Violenz; vielmehr ist er Form und Inhalt des Regimes, das entsteht, wenn Violenz, nachdem sie alle ›power‹ zerstört hat, statt abzudanken, an der Herrschaft bleibt.«[111] Dies erklärt die äußerste Irrationalität von Terror: Im Gegensatz zur politisch gebundenen Violenz verfolgt er keinen politischen Zweck. Terror ist also nicht ein Mittel zur Beseitigung eines politischen Gegners, sondern ein Zeichen dafür, daß dessen Macht schon längst gebrochen ist. Dies entspricht der schon erwähnten Feststellung Arendts, daß der vortotalitäre Antisemitismus da am virulentesten war, wo der finanzielle Einfluß der Juden seinen Höhepunkt längst überschritten hatte. »Jegliche Art organisierter Opposition muß verschwinden, ehe die ganze Gewalt des Terrors losgelassen werden kann.«[112] Dies gilt für den Bolschewismus nicht weniger als für den Nationalsozialismus. Nicht in den zwanziger Jahren und zur Zeit des Bürgerkriegs brach die wirkliche Schreckensherrschaft in Rußland aus, sondern nach 1930, als alle Gegenrevolutionäre und die innerparteiliche Opposition restlos liquidiert waren[113]. Im Fall des Nationalsozialismus wurde der überlegte Mord an viereinhalb bis sechs Millionen Juden zu einer Zeit verübt, als von der jüdischen Minderheit nicht die geringste Bedrohung des nationalsozialistischen Regimes hätte ausgehen können[114]. Die absolute Verneinung dessen, was Arendt als Bereich des Politischen ansieht, und damit auch von »power«, kommt gerade in der Maßlosigkeit des Terrors zum Ausdruck, der nicht nur die Opfer zu absoluter Ohnmacht verurteilt, sondern auch die Henker. Hier wird nicht wie im rituellen Zweikampf der Sturz des Besiegten Mittel zur Selbstbestätigung des Siegers; je krasser die Ohnmacht und Entmenschlichung des Opfers, um so verzweifelter wird auch die Ohnmacht dessen, der sein Herrentum unter Beweis stellen will. Denn wo der Unterdrückte ins Nichts gestoßen wird, steht auch der Unterdrücker dem Nichts gegenüber. Für Arendt unterscheidet das Konzentrationslager als Stätte absoluten Terrors das totalitäre Regime von allen anderen Herrschaftsformen. Konzentrationslager haben nicht nur keinen politischen, sondern auch keinerlei wirtschaftlichen Zweck. »Nirgends«, sagt Arendt, »sind bisher Konzentrationslager um der möglichen Arbeitsleistung willen eingerichtet worden; ihre einzige ökonomische Funktion [...] ist die Finanzierung des sie überwachenden Apparats.«[115]

Arendt macht – im Zusammenhang mit der doppelten Bedeutung des Wortes Common sense – darauf aufmerksam, daß der organisierte Terror erst durch die Revolte der Massen gegen den Wirklichkeitssinn des gesunden Menschenverstandes möglich wird. Common sense bezieht sich einerseits auf das dem einzelnen Menschen eigene Organ der Wahrnehmung, des Verstehens und des Umgangs mit Realität und Faktizität[116]. Er ist das unseren Sinnen gemeinsame, sie koordinierende und ausgleichende Element. Andererseits bezeichnet Common sense, was der Erfahrung normaler Menschen gemeinsam ist und uns somit der Realität der erfahrenen Welt versichert. Genauer gesagt, Common sense bedeutet, daß »die Wirklichkeit gleichsam beglaubigt ist durch unsere Beziehungen zu anderen menschlichen Wesen«[117]. Daraus folgt, daß die Entstehung der Massen im Laufe des Niedergangs des öffentlichen Lebens und der damit verbundenen Isolierung des einzelnen einhergeht mit Erfahrungsschwund und

Verflüchtigung jeglichen Wirklichkeitssinns. Denn mit dem Verlust der Sphäre gemeinschaftlicher Beziehungen verliert der Mensch den notwendigen Rahmen, innerhalb dessen der gesunde Menschenverstand sinnvoll funktionieren kann[118]. Die mit diesem Verlust verbundene Heimatlosigkeit des einzelnen führt folgerichtig zur Entstehung der Massen und zu deren Realitätsflucht in eine zwar in sich stimmige, jedoch fiktive Welt[119].

Diese Realitätsflucht wird von den Führern totalitärer Regime für ihre eigenen Zwecke ausgenutzt. Stalins und Hitlers Meisterschaft, schreibt Arendt, lag nicht so sehr in der Kunst des Lügens als solcher, sondern vielmehr in ihrer Fähigkeit, »die Massen so zu organisieren, daß ihre Lügen sich in Wirklichkeit umsetzten«[120]. Dazu kommt, daß alle politischen »Lügen, auch wenn ihre Urheber sich dessen nicht bewußt sind, [...] potentiell gewaltsam [sind]; jedes organisierte Lügen tendiert dahin, das zu zerstören, was es zu negieren beschlossen hat, wiewohl nur die totalitären Gewalthaber das Lügen bewußt als den Beginn des Mordens zu handhaben wissen«[121]. Was das Problem der Wirklichkeit betrifft, so »tendieren totalitäre Systeme dahin, zu beweisen, daß Handeln auf jedweder Hypothese aufgebaut werden kann und daß im Verlauf einer konsequent geführten Handlung die spezifische Hypothese wahr, ja eigentliche faktische Wirklichkeit wird«[122].

Dies legt nahe, daß auch der Begriff Ideologie im Bereich des Totalitarismus eine neue Bedeutung gewinnt. Nach Arendts eigener Darstellung des Niedergangs des Nationalstaates können die Ideologien der von Interessen bestimmten Klassen nicht das gleiche sein wie die Ideologie eines totalitären Systems, das weder Klassen noch Interessen im traditionellen Sinne des Wortes kennt. Waren im 19. Jahrhundert Ideologien rationale Verkleidungen realer Interessen sowie Instrumente zu deren Befriedigung, so werden in den totalitären Systemen des 20. Jahrhunderts Ideologien zu Hypothesen, die ihren eigenen Gegenstand, eine fiktive Wirklichkeit, erst schaffen müssen.

Im totalitären System ist die vorherrschende Ideologie nicht eine Hypothese, die, wie im wissenschaftlichen Bereich, experimentell daraufhin getestet werden kann, ob sie der Wirklichkeit entspricht, also wahr oder unwahr ist; ihr Wahrheits- oder Wirklichkeitsgehalt ist willkürlich, das heißt lediglich durch die historische Konstellation bedingt, in der sich die jeweilige Masse oder der Mob befindet. Es ist dann der Führer oder eine führende Clique, die durch die »Macht« uneingeschränkten Terrors die Hypothese in faktische, in sich stimmige Wirklichkeit verwandeln. Wenn Arendt meint, daß totalitäres Handeln auf jedweder Hypothese aufgebaut werden kann, so ist doch zu bedenken, daß wir bisher nur zwei totalitäre Systeme kennen, von denen das eine sich auf das Konzept der Klasse, das andere auf das der Rasse als jeweils grundlegende Hypothese stützt.

Im Gegensatz zu vor- und frühzeitlichen Kulturen, in denen die Homogenität oder Konsistenz von Mythen und Riten eine bedeutende Rolle spielt, ist das totalitäre System zwar konsistent, aber im Grunde inhaltlos; die Willkür der Hypothese oder ideologischen Prämisse, auf der das Regime errichtet ist, bestimmt die Einheit und Allgemeinheit absoluter Gleichschaltung, in der die Masse sich zu Hause fühlt. Dazu kommen im Falle des Nationalsozialismus zwei Elemente, die, wie mir scheint, die Konsistenz des Systems noch verstärken: der aus dem 19. Jahrhundert übernommene Glaube an die Notwendigkeit von Entwicklung, wie er sowohl in der Geschichtsauffassung des philosophischen Idealismus als auch in den klassischen Naturwissenschaften zu finden ist, sowie die Suche nach dem Einen und Absoluten, die in der Phase der Dekadenz der Romantik im Ganzheitsrausch naturalistischer Mystik aufgeht.

Ich frage mich, ob die Technologie, die vor allem bei der »Endlösung« eine große Rolle spielte, nur ein nützliches Element in der Ausübung des Terrors war oder darüber hinaus nicht an sich schon gewisse Affinitäten zum Totalitarismus besitzt. Auch die Technologie hat ihren Ansatzpunkt in der Wirklichkeit, in der von Wissenschaftlern erforschten Natur (der im Totalitarismus die historische Wirklichkeit von Klasse und Rasse entspricht); auch im Fall der Technologie werden von dem Ansatzpunkt aus Prämissen und Hypothesen entwickelt, die in einer neuen, im Vergleich mit der natürlichen Wirklichkeit fiktiven Welt ihre Realisierung erfahren. Auch hier gibt es eine innere Konsistenz, die frei ist von jedem menschlichen Affekt. Eichmann sagte in Jerusalem aus: »Wenn diese Sache« – also die Liquidierung der Juden – »einmal gemacht sein mußte [...] dann war es besser, wenn Ruhe und Ordnung herrschten und alles klappte.«[123] Er glaubte also an die Hygiene des totalitären Terrors, an den zivilisierten Charakter des maschinellen Mordens gegenüber den Greueln von Pogromen und Massakern, die im Affekt, aus wirklichem Haß, von seiten der Bevölkerung osteuropäischer Länder spontan ausgeführt wurden. Die hygienischen Operationen der Vernichtungsmaschinerien entsprachen der inneren Logik des Regimes; wurden sie erst ermöglicht durch die innere Logik einer Technologie, die ebenso sauber, das heißt unbekümmert um ihren kulturellen Ausgangspunkt und um ihre ethischen Ziele, operiert?

Es versteht sich von selbst, daß die Verneinung der gegebenen und das Schaffen einer fiktiven Wirklichkeit letztlich die Abschaffung des Menschen und seiner Normen bedeutet. Arendt spricht von der Entrechtung des Menschen, der Tötung der juristischen Person in ihm als Vorbedingung zu seiner totalen Unterwerfung[124]. In den Konzentrationslagern gingen die Wächter sogar so weit, daß sie die Opfer des Systems schon vor ihrem Tod gewissermaßen so weit töteten, daß diese willenlos ihr eigenes Grab aushoben. Für die Regierenden und ihre Helfer waren die Entmenschlichung und Zerstörung des sogenannten inneren Feindes sogar wichtiger als das eigene Überleben. Mit anderen Worten, selbst in den kritischsten Zeiten des zweiten Weltkrieges war es dem Naziregime wichtiger, jene Entwirklichung und Entmenschlichung ihrer Opfer durchzuführen, als in rationaler Weise zu versuchen, den Krieg zu gewinnen.

Die Natur des Bösen

In diesem Zusammenhang stellt sich die Frage nach der Natur des Bösen und nach der Verantwortung und Schuld derjenigen, die dem Bösen dienten. Man muß hier, so scheint mir, zuallererst zwischen dem Bösen als Phänomen und demjenigen, der Böses tut, unterscheiden. Das erste ist ein ontologisches Problem, hat also mit der Natur des Bösen zu tun, das zweite ist ein ethisches oder moralisches Problem, entspricht also der Frage, ob eine Handlung gut oder böse ist. Was das Böse betrifft, so scheint ihm in unserem Zusammenhang keine ontologische Würde zuzukommen: Es ist nicht, wie etwa die Manichäer glaubten, dem Guten ebenbürtig. Das Böse ist, zumindest in unserem Zusammenhang, eine Folge menschlichen Tuns: Es besteht in der Negation der Wirklichkeit und der mit ihr verbundenen Normen zugunsten einer fiktiven Wirklichkeit. Wie Luzifer, der gefallene Engel, gegen Gott rebelliert, so will das System des Totalitarismus sich an die Stelle von Gott und seiner Schöpfung setzen und den Menschen samt seinen überlieferten Normen überflüssig machen. Wenn Arendt von der Banalität des Bösen spricht, so mag sie auf seine ontische Nichtigkeit, seine ausschließlich fiktive Wirklichkeit anspielen, was freilich nicht heißen kann, daß innerhalb dieser fiktiven Wirklichkeit und in ihrem Namen nicht unendlich viel wirkliches Leid geschehen ist. Es bedeutet vielmehr, daß die fiktive Wirklichkeit das radikal Böse ist, das, was »man weder verstehen noch erklären kann durch die bösen Motive von Eigennutz, Habgier, Neid, Machtgier, Ressentiment, Feigheit oder was es sonst noch geben mag«, was »kein Zorn rächen, keine Liebe ertragen, keine Freundschaft verzeihen, kein Gesetz bestrafen« kann [125]. Dies hängt unter anderem damit zusammen, daß normalerweise nach Vollzug der Strafe die gestörte Ordnung wiederhergestellt, das Verbrechen gleichsam gelöscht ist. Nun gibt es aber keine Strafe, die dem radikal Bösen, nämlich der Zerstörung der Wirklichkeit einschließlich der Würde des Menschen, adäquat wäre. Dies gilt auch für Eichmanns Strafe. Somit kann ihm nicht verziehen werden.

Arendt beschäftigt sich in *Ursprünge und Elemente totaler Herrschaft* mit dem radikal Bösen als einem System fiktiver Wirklichkeit. In *Eichmann in Jerusalem* interessieren sie die Charaktereigenschaften und Motive einer Person, die einem solchen System gedankenlos, das heißt ohne weitere Skrupel, gedient hat; gleichzeitig beobachtet sie die Versuche eines Gerichts, eine solche Person zu beurteilen und ihr die gerechte Strafe zukommen zu lassen.

Der Eichmann-Prozeß

Da Arendt ihr Werk über *Ursprünge und Elemente totaler Herrschaft* ohne direkte Erfahrung mit totalitären Systemen geschrieben hatte, ergriff sie gern die Gelegenheit des Eichmann-Prozesses, sich von der Zeitschrift *The New Yorker* als Berichterstatterin nach Jerusalem schicken zu lassen. Während sie dort Eindrücke von der Person Eichmanns und von den Hauptakteuren der israelischen Justiz und Politik sammelte und alle ihr zugänglichen Dokumente studierte, half ihr Kurt Blumenfeld, indem er für sie hebräische Pressekommentare übersetzte. Ihr Mann und Karl Jaspers sorgten für die Zusendung amerikanischer und deutscher Berichte und Kommentare.

Der erste Eindruck, den Arendt von der Person Eichmanns hatte, als sie ihn im Gerichtssaal zu Jerusalem sah, entsprach weder ihrer Erwartung noch dem, was die israelische Anklage aus Eichmann machen wollte: In dem zu seiner Sicherheit, aber auch zu seiner Zurschaustellung konstruierten Glaskasten saß kein teuflischer Verbrecher, keine Personifizierung des radikal Bösen, sondern ein in seiner Durchschnittlichkeit eher lächerlich anmutender Mensch. Hier lag ein Paradox vor, das die israelische Anklage und später viele Leser von Arendts Bericht (er erschien im folgenden Jahr in der Zeitschrift *The New Yorker,* später in Buchform) nicht wahrhaben wollten.

Gebraucht man David Riesmans Terminologie, so war Eichmann kein »inner-directed«, also in erster Linie von seinem Gewissen bestimmter Mensch, sondern in höchstem Maße »other-directed«, das heißt von Impulsen gelenkt, die von außen kamen. Genauer gesagt: Die Rechtfertigung seines Tuns bestand für ihn in der unumstößlichen Notwendigkeit, Befehle auszuführen, an deren Legitimität er niemals zweifelte. Für Eichmann war ausschlaggebend, wie er es selbst während des Prozesses ausdrückte, daß es Adolf Hitler gelungen war, »sich vom Gefreiten der deutschen Armee zum Führer eines Volkes von fast 80 Millionen emporzuarbeiten ... Sein Erfolg allein beweist mir, daß ich mich ihm unterzuordnen hatte.«[126] Daß Eichmann auch Karriere machen wollte und daß dies für ihn nur durch die Ausführung von Befehlen möglich war, die von oben kamen, steht außer Zweifel. Was nicht mit Sicherheit beantwortet werden kann, ist die Frage, ob Eichmann fähig war, zwischen Recht und Unrecht zu unterscheiden; ob er ein Gewissen hatte, das ihm hätte sagen können, daß das, was das Regime von ihm verlangte, moralisch nicht Rechtens war. Hannah Arendt meint, daß er weder ein Gewissen hatte, welches ihn an der Rechtmäßigkeit dieses oder jenes Befehls hätte zweifeln lassen, daß er sich also in seiner von keinen Zweifeln gestörten Gedankenlosigkeit die Frage nach Recht und Unrecht gar nicht stellte, noch daß er aus Affekt handelte. Seine Gedankenlosigkeit wurde dadurch unterstützt, daß er, wie er sagte, »weit und breit niemanden, absolut niemanden entdecken konnte, der wirklich gegen die ›Endlösung‹ gewesen wäre«[127]. Diese Aussage ist heute schwer zu beurteilen, da wir nicht sicher sind, wie viele Menschen in Deutschland zu welcher Zeit von der »Endlösung« wußten, zumal die Machthaber alles taten, um das, was in den Vernichtungslagern vorging, vor der Bevölkerung so gut wie möglich zu verbergen. Was den Affekt betrifft, so mag Arendt recht haben, denn Eichmann sagte selbst: »[...] von Haus aus kannte ich keinen Haß gegen Juden, denn die ganze Erziehung durch meine Mutter und meinen Vater war streng christlich, und meine Mutter hatte durch ihre z. T. jüdische Verwandtschaft eben hier andere Vorstellungen, wie sie an sich landläufig in SS-Kreisen üblich gewesen waren.«[128]

Eichmanns Gewissen regte sich in typisch kleinbürgerlicher Weise nur dann, wenn er gelegentlich doch einmal im Affekt handelte oder von der ihm auferlegten und von ihm als gültig angesehenen Norm abwich. Arendt schreibt: »[...] was sein Gewissen anlangte, so stellte sich heraus, daß nicht Mord, sondern eine Ohrfeige es bedrückte, die er ›in der Unbeherrschtheit eines plötzlichen Zornes‹ Dr. Löwenherz, dem Präsidenten der Wiener Judengemeinde, ›verabreicht‹ hatte.«[129] Obwohl Eichmann sich seinerzeit vor seinen Untergebenen bei Löwenherz entschuldigt hatte, ließ ihm diese kleine Begebenheit keine Ruhe. Was die Norm betrifft, so gab er in Jerusalem zu, in zwei Fällen Ausnahmen gemacht zu haben. Er half einer halbjüdischen Cousine und einem jüdischen Ehepaar aus Wien, für das sich sein Onkel ver-

Hannah Arendt, um 1963

wendet hatte. »[...] aber diese Inkonsequenz war ihm auch jetzt noch peinlich, und bei der Befragung im Kreuzverhör klang seine Erklärung, er habe diese Dinge seinen Vorgesetzten ›erzählt, oder besser gesagt, gebeichtet‹, unverhohlen apologetisch.«[130] Daß es Eichmann allein auf das ankam, was er als Konsequenz verstand, geht unter anderem daraus hervor, daß er sich stur an das Programm der »Endlösung« hielt und gegen die Entscheidung »des alten Trottels« Miklós Horthy[131], des ungarischen Reichsverwesers, handelte, als dieser in Budapest den Befehl gab, die Deportation von 1500 Juden zu suspendieren.

Arendt sieht die Lektion, die man in Jerusalem lernen konnte, darin, daß Realitätsferne und Gedankenlosigkeit mehr Unheil anrichten können als all die Triebe, die dem Menschen innewohnen, zusammengenommen[132]. Eichmann ist also nicht ein Verbrecher, weil er bösen Trieben gehorcht; er tut Böses, weil er nicht denkt oder sein eigenes Gewissen befragt, sondern sich lieber der Stimmigkeit jenes fiktiven Ganzen unterordnet. Während Platons Sokrates glaubt, daß derjenige, der das Gute weiß, auch das Gute tut, vertritt Arendt die Meinung, daß, wer in einem System ohne Common sense sich um der eigenen Karriere und Sicherheit willen »gedankenlos« verhält, notwendigerweise mitschuldig wird an den Verbrechen des Systems, die aus solcher »Gedankenlosigkeit« folgen. Dazu kommt, wie schon einmal erwähnt, daß nicht nur das totalitäre System seine »zwingende« Logik oder Stimmigkeit besitzt, sondern auch die Technologie, derer sich das System bedient. Deshalb meint Arendt, daß »für die Bedienung fehlerlos funktionierender Beherrschungs- und Vernichtungsapparate [...] die Massen gleichgeschalteter Spießer [...] ein erheblich zuverlässigeres Menschenmaterial [lieferten]; es sollte sich bald herausstellen, daß sie weit größerer Verbrechen fähig waren, als alle sogenannten Berufsverbrecher«[133].

Angenommen, Arendts Hypothese sei korrekt, daß es in erster Linie Gedankenlosigkeit war, die Menschen dazu führte, ohne Gewissensbisse Verbrechen gegen die Menschheit zu begehen, so bleibt die Frage, was den einzelnen dazu gebracht haben mag, sich dieser Gedankenlosigkeit zu ergeben und an ihr gleichsam aktiv teilzunehmen. Diese Frage scheint mir besonders akut, wenn wir lesen, daß es »natürlich nicht ihr Verdienst« war, »daß die aus Deutschland Geflüchteten, welche entweder das Glück hatten, Juden zu sein, oder rechtzeitig von der Gestapo verfolgt zu werden, vor dieser Schuld bewahrt worden sind«[134]. Bedeutet dies, daß die Juden in Deutschland genauso gehandelt hätten, weil sie vollständig assimiliert waren? Daß also der Nazitotalitarismus eine notwendige Folge der deutschen Kultur war? Nimmt in ihr vielleicht der romantische Vereinfachungswahn, das Suchen nach Geborgenheit in der Stimmigkeit eines allumfassenden Gefühls, die Stelle einer rationalen oder durch Common sense begründeten Ordnung ein, die den einzelnen – sein Gewissen, seine Zweifel, seine Verantwortung – fordert?

Erfolgreicher Widerstand

Arendt gibt keine direkte Antwort auf diese Fragen. Sie zeigt allerdings, daß einige andere europäische Länder der Ausbreitung des Totalitarismus erfolgreich Widerstand leisteten, und berichtet von *einem* Fall persönlichen Widerstands innerhalb des nationalsozialistischen Herrschaftsbereichs. Ansonsten erwähnt Arendt die belgische Polizei, die mit den Deutschen nicht kooperierte, die holländischen Studenten, die mit Streiks gegen die Entlassung jüdischer Professoren demonstrierten und die erste Deportation von Juden in deutsche Konzentrationslager mit einer Art von Generalstreik beantworteten, die dänischen Bürger, die die Überfahrt mittelloser Juden nach Schweden bezahlten, wo sofort allen Verfolgten Asyl, vielen sogar die schwedische Staatsbürgerschaft angeboten wurde, die Bevölkerung von Sofia, die versuchte, die Juden auf ihrem Weg zum Bahnhof aufzuhalten. Handelte es sich hier einfach um den Unterschied zwischen dem vom Totalitarismus befallenen Deutschland und den von Nazideutschland besetzten Ländern? Oder gab es Länder, die immun waren gegen den Totalitarismus, weil in ihnen zwei wichtige Voraussetzungen des Totalitarismus nicht vorhanden waren, nämlich die Fragmentierung im Innern und der Expansionsdrang nach außen? Positiv ausgedrückt: Gab es Länder mit einer

menschlich-sozialen Kultur der Nachbarschaft und Nachbar-
lichkeit, die in Krisenzeiten in mitmenschlicher Solidarität und
Hilfsbereitschaft zum Ausdruck kam? Wie sonst könnte man erklären, daß das katholische und faschistische Italien mit ver-
gleichbarem Erfolg, wenn auch mit anderen Mitteln, Widerstand leistete wie das protestantische und demokratische Däne-
mark? Arendt fügt hinzu, das Verhalten des dänischen Volkes
und seiner Regierung zeige, »welch ungeheure Macht in gewalt-
loser Aktion und im Widerstand gegen einen an Gewaltmitteln
vielfach überlegenen Gegner liegt«[135]; daß es also ein menschen-
würdiges Verhalten gibt, das weder von der Art der Kultur noch
von der Art des politischen Systems abhängt.

Was Deutschland selbst betrifft, so spricht Arendt lediglich
von Organisatoren von Untergrundbewegungen[136], ohne jedoch
auf Details einzugehen. Vom Kreisauer Kreis oder der »Weißen
Rose« spricht sie nicht. Noch befremdender ist, daß sie nicht jene
freilich unbekannte Zahl von Menschen erwähnt – etwa christli-
che Hausangestellte in jüdischen Familien –, deren Widerstand
nicht politisch war, das heißt sich nicht gegen das Regime als
solches wandte, sondern einfach darin bestand, Opfern des Regimes aus natürlichem Anstand heraus zu helfen, den keine Macht
der Welt tangieren, geschweige denn zerschlagen konnte.

In *Eichmann in Jerusalem* erzählt Arendt, wie erwähnt, nur von
einem Fall aktiver Menschlichkeit, der, einfach und natürlich in
seinen Motiven, heroische Ausmaße annahm und zur Hinrichtung des Betreffenden führte. Es ist die Geschichte eines Feldwebels namens Anton Schmidt, der einen Streifendienst in Polen
befehligte, welcher verstreute und von ihrer Einheit abgeschnit-
tene deutsche Soldaten aufsammeln sollte. Im Verlauf dieser Tä-
tigkeit war er auf Mitglieder einer jüdischen Untergrundbewe-
gung gestoßen, darunter auch auf ein prominentes Mitglied,
einen Herrn Kovner. Diesen jüdischen Partisanen hatte Schmidt
mit gefälschten Papieren und Wehrmachtsfahrzeugen geholfen.
Vor allem aber: er hatte dafür kein Geld angenommen. Das
Ganze währte etwa fünf Monate lang, vom Oktober 1941 bis zum
März 1942. Dann wurde Anton Schmidt verhaftet und hinge-
richtet[137].

Diese Geschichte wurde von Kovner selbst im Gerichtssaal zu Jerusalem erzählt. Hannah Arendt erinnert sich: »Während der wenigen Minuten, die Kovner brauchte, um über die Hilfe eines deutschen Feldwebels zu erzählen, lag Stille über dem Gerichtssaal; es war, als habe die Menge spontan beschlossen, die üblichen zwei Minuten des Schweigens zu Ehren des Mannes Anton Schmidt einzuhalten. Und in diesen zwei Minuten, die wie ein plötzlicher Lichtstrahl inmitten dichter, undurchdringlicher Finsternis waren, zeichnete ein einziger Gedanke sich ab, klar, unwiderlegbar, unbezweifelbar: wie vollkommen anders alles heute wäre, in diesem Gerichtssaal, in Israel, in Deutschland, in ganz Europa, vielleicht in allen Ländern der Welt, wenn es mehr solcher Geschichten zu erzählen gäbe.«[138] Arendt deutet damit an, daß es selbst in der Welt des radikal Bösen, in der fiktiven Welt des nationalsozialistischen Totalitarismus, keine absolute Notwendigkeit gab, sich der Gedankenlosigkeit zu ergeben.

Die Urteilsfällung

Was Arendt am Jerusalemer Prozeß interessierte, war, wie gesagt, nicht nur Eindrücke über die Person Eichmanns zu sammeln, sondern auch zu sehen, wie es die israelischen Behörden anstellten, einen Massenmörder wie Eichmann abzuurteilen. Schon in bezug auf die Zuständigkeit des Gerichtshofes gab es verschiedene Ansichten. Jaspers zum Beispiel glaubte, daß nur ein internationaler Gerichtshof zuständig wäre, über ein Verbrechen gegen die Menschheit zu verhandeln. Ben Gurion, der damalige israelische Ministerpräsident, vertrat mit Leidenschaft die entgegengesetzte Meinung, daß nämlich ein israelischer Gerichtshof sehr wohl zuständig sei, im Fall aller gegen Juden begangenen Verbrechen Recht zu sprechen. Er hielt einen internationalen Gerichtshof für durchaus überflüssig: Für die Notwendigkeit eines solchen Gerichtshofs könne nur ein Jude eintreten, der an einem Minderwertigkeitskomplex litte; die Juden seien keine Schafe, sondern ein Volk, das zurückschlagen könne. Hannah Arendt vertrat eine Zwischenposition: Auch sie war der Ansicht, daß nur ein neues, die ganze Menschheit umfassendes Gesetz den Verbrechen Eichmanns gerecht werden könne. Da es ein solches Gesetz nicht gab und da sie der Meinung war, daß die Mehrheit der überlebenden jüdischen Opfer des Nazismus in Israel beheimatet war, akzeptierte sie den Prozeß vor dem Gericht in Jerusalem. Dies bedeutete jedoch nicht, daß sie das politische Umfeld des Prozesses oder die Vorgehensweise des Hauptanklägers positiv beurteilte. Sie war davon überzeugt, daß Ben Gurion den Prozeß für politische Propaganda benutzte und daß Israel eine Konzeption des Judentums vertrat, die wegen ihrer nationalistischen und militaristischen Aspekte ihren eigenen Vorstellungen widersprach. Was sie besonders schockierte, war ein Besuch bei Golda Meir, in dessen Verlauf der damalige Außenminister ihr erklärte, daß sie zwar die Nichttrennung von Staat und Religion verteidige, als Sozialistin jedoch nicht an Gott glaube, sondern nur an das jüdische Volk.

Hannah Arendt lobt die Richter als anständige und durchaus intelligente Persönlichkeiten, denen allerdings sowohl Größe als auch eine eigene Philosophie fehlten. Der Generalstaatsanwalt Gideon Hausner ist ihr, der deutschen Jüdin, dagegen schon deswegen unangenehm, weil seine Redeweise an seine osteuropäische Abstammung erinnert. Sie kritisiert Hausner vor allem, weil er darauf bestand, einen totalitären Massenmörder wie einen Menschen zu beurteilen, der seinen Nachbarn aus niederen Motiven erstochen und für den das Strafgesetzbuch eine angemessene Strafe vorgesehen hat. »Die Anklage, außerstande, einen Massenmörder zu verstehen, der keinen Menschen getötet hatte und in diesem Fall wohl nicht einmal die Courage dazu besaß, suchte immer wieder, wenigstens einen konkreten Mord oder Totschlag nachzuweisen. Vergeblich.«[139] Arendt stellt fest, daß die deutschen Gerichte, die Naziverbrechen abzuurteilen hatten, sich in einer ähnlichen Lage befanden, was schon in dem von ihnen verhängten Strafmaß zum Ausdruck kam: Günstigstenfalls, wenn sich eine Unkorrektheit des Angeklagten oder ein Verstoß gegen eine Verordnung oder ein Gesetz feststellen ließ, ein paar Jahre Gefängnis für Beihilfe zum Mord an Hunderten und Tausenden von Menschen. Hausner berief sich auf die traditionelle Gesetzgebung, die annimmt, daß ein Verbrecher aus einer bestimmten Absicht, vielleicht sogar im Bewußtsein von Schuld handelt. Arendt schreibt: »Solange die Strafe das Recht des Verbrechers ist – und auf diesem Satz beruht seit mehr als zweitausend Jahren das Gerechtigkeits- und das Rechtsempfinden der abendländischen Menschheit – gehört zur Schuld ein Bewußtsein, schuldig zu sein, gehört zum Strafen eine Überzeugung von der Verantwortungsfähigkeit des Menschen.«[140] Sie spricht jedoch dem Spießer Eichmann, der die Massenmordmaschine bediente, die Fähigkeit ab, sich schuldig zu fühlen, so daß Hausner auf dem falschen Weg war, wenn er Eichmann eine objektive Schuld im traditionellen Sinn des Wortes nachzuweisen suchte. Andererseits hatte Arendt die Jurisdiktion des israelischen Gerichts anerkannt. Nach welchen Kriterien also sollte Hausner Eichmanns Handlungen beurteilen? Arendt kritisiert Hausner, weil sich seine Anklage auf das bezog, was Juden erlitten hatten, und nicht auf das, was Eichmann getan hatte[141]. Da das traditionelle Recht dem Fall nicht adäquat war und ein neues Recht noch nicht bestand, frage ich mich, ob Hausners Vorgehen nicht doch von einem gewissen Common sense getragen war, als er bei der Verurteilung Eichmanns von der Tatsache ausging, daß sein Tun zur Vernichtung von Tausenden von Menschen geführt hatte. In anderen Worten, Hausner konnte den Schwierigkeiten, vor die ihn das mangelnde Schuldbewußtsein des Täters stellte, dadurch begegnen, daß er sich in erster Linie mit dem unleugbaren Gesamtresultat der Taten beschäftigte und von daher auf die Schuld des Täters schloß. Auch war von Hausner, dem praktizierenden Juristen, kaum zu erwarten, daß er sich, wie Hannah Arendt, die Zeit nahm, das geschichtlich neue Phänomen der Entmenschlichung, der Entwirklichung des Menschen durch den totalitären Terror zu ergründen, ein Unterfangen, das auch bei Arendt nicht ohne Widersprüchlichkeiten bleiben konnte. Arendt, die sonst die Todesstrafe ablehnt, plädiert für Eichmanns Hinrichtung, und dies nicht in erster Linie, weil er sich durch seine Mitarbeit an einer fiktiven, in sich stimmigen totalitären Welt am Wesen des Menschengeschlechts vergangen hat, sondern weil es ablehnt, auf derselben Erde mit gewissen anderen Menschen, sprich: Juden und Mitgliedern anderer minderwertiger Rassen, zu leben, und deshalb nicht verdient, von diesen als Mitmensch betrachtet zu werden.

Arendt beschäftigt sich nicht nur mit dem für sie unlösbaren Problem, nach welchen Kriterien ein Mensch, der ohne eigentliches Schuldbewußtsein seine ihm von einem totalitären System zugedachte Aufgabe erfüllt, abzuurteilen ist. Sie fragt auch, wie es überhaupt möglich ist, in der Welt des Terrors zwischen Schuldigen und Unschuldigen zu unterscheiden, ja, ob im Bereich des Terrors nicht alle Menschen schuldig sind; ob es in diesem Zusammenhang möglich ist, Täter von Opfern zu unterscheiden; ob nicht sogar nachweisbar in manchen Fällen die Opfer selbst, zum Beispiel führende Persönlichkeiten der jüdischen Gemeinden, aktiv zu ihrer Vernichtung durch das Regime beigetragen haben. Arendt kommt zu dem Schluß, daß es kein verläßliches Mittel gibt, Schuldige von Unschuldigen zu unterscheiden. Sie sieht deshalb nicht, »wie man es ertragen kann, sich mit einem Volk konfrontiert zu finden, in welchem die Linie, die Verbrecher von normalen Menschen, Schuldige von Unschuldigen trennt, so effektiv verwischt worden ist, daß morgen niemand in Deutschland wissen wird, ob er es mit einem heimlichen Helden oder mit einem ehemaligen Massenmörder zu tun hat«[142]. Und sie fährt fort: »Erst wenn die Nazis einen gehenkt haben, können wir wissen, ob er wirklich gegen sie war. Einen anderen Beweis gibt es nicht mehr.«[143] Selbst Organisatoren von Untergrundbewegungen mußten sich in Wort und Tat wie die Nazis gebärden[144], wenn sie überleben wollten. Zu Arendts Urteil, von dem wir heute wissen, daß es eine grobe Übertreibung, wenn nicht gar ein eklatantes Fehlurteil darstellt, wäre folgendes zu sagen: Erstens hatte Arendt als Emigrantin keine Gelegenheit, den Nazialltag selbst zu erfahren, in dem es sehr wohl möglich war, anständige Menschen von solchen zu unterscheiden, die sich der Kooperation mit dem Regime schuldig machten, auch wenn es nicht möglich war, in die Herzen derjenigen zu schauen, die um des eigenen Überlebens oder ihrer Karriere willen sich nicht dem Regime widersetzten oder dessen Gegnern nicht aktiv halfen. Zweitens war Arendt davon überzeugt, daß das Regime wirklich jeden

Winkel des damaligen gesellschaftlichen und persönlichen Lebens ausfüllte, ohne den kleinsten Freiraum zu belassen. Auch diese Ansicht entspricht nicht der historischen Wirklichkeit. Nicht alle menschlichen Beziehungen waren vom Geist des Regimes bestimmt. Es gab eine Reihe von Freiräumen, die man zwar nicht im eigentlichen Sinne politisch nennen konnte (wo weder das Regime unterstützt noch politisch bekämpft wurde); aber in einem Regime mit totalitärem Anspruch ist schon die Existenz eines wenn auch im engeren Sinne des Wortes unpolitischen Freiraums ein politisches Faktum. Drittens, auch wenn es in der Tat kein Mittel gegeben hätte, Schuldige von Unschuldigen zu unterscheiden, so hätte Arendt doch nicht daraus folgern dürfen, daß alle auch wirklich schuldig waren. Richtig ist wohl, was Arendt über diejenigen sagt, die das Dritte Reich nicht freiwillig, sondern weil sie Juden waren oder aus sonstigen Gründen rechtzeitig verlassen haben. Sie meint, weil diese Gruppe dies weiß »und weil sie noch nachträglich ein Grauen vor dem Möglichen packt«, bringt gerade sie in alle derartigen Diskussionen jenes unerträgliche Element der Selbstgerechtigkeit ein, das schließlich, bei Juden vor allem, nur in der vulgären Umkehrung der Nazidoktrinen über sie selbst enden kann und ja auch längst geendet hat [145].

Die »Schuld« der Opfer

Arendt bezieht sich mit ihrer Frage, ob es Kriterien gibt, nach denen Unschuldige von Schuldigen unterschieden werden können, nicht nur auf die potentiellen Täter, sondern auch auf die Opfer. Dies geschieht vor allem, wenn sie von jenen führenden Juden spricht, die, ehe sie selbst zu Opfern wurden, dem damaligen Regime angeblich geholfen und zur Vernichtung anderer Juden beigetragen haben. Ich glaube, will man das damalige Verhalten führender Juden beurteilen, tut man gut daran, drei verschiedene Phasen in der Politik der Nazis gegenüber den Juden zu unterscheiden. Die erste Phase war für viele Juden durch die Hoffnung gekennzeichnet, daß es nicht so schlimm kommen würde, wie einige wenige es vermuteten, eine Hoffnung, die sie mit der großen Mehrheit ihrer nichtjüdischen Mitbürger teilten. Mit der wachsenden Diskriminierung und Unterdrückung der Juden trat bald eine zweite Phase ein, in der es darum ging zu retten, was zu retten war, was praktisch dazu führte, jede nur mögliche Anstrengung zu machen, in anderen Ländern Zuflucht zu finden. Die dritte Phase war die der systematischen Vernichtung der Juden und der angeblichen oder wirklichen Hilfestellung von seiten der Juden selbst. Hier müssen wir nochmals unterscheiden, nämlich zwischen der Periode der Vorbereitung, der Periode der Deportationen und der Periode der physischen Vernichtung.

Arendts Vorwürfe gegen die Zusammenarbeit führender Juden mit dem Naziregime beziehen sich nicht nur auf die Phase der Vorbereitung und der Durchführung der Vernichtung der Juden, sondern schon auf die Phase der Flucht der Juden aus dem nationalsozialistischen Herrschaftsbereich. Was sie in diesem Zusammenhang kritisiert, ist, daß nicht nur das Regime, sondern auch die »Jewish Agency«, also die zionistische Vertretung im damaligen Palästina, aus der Auswanderung von Juden aus Mitteleuropa ein Geschäft machte. Arendt verurteilt den Transfervertrag von 1934 und das Versäumnis der »Jewish Agency«, 1935 den Boykott deutscher Güter zu unterstützen, als einen Verrat am jüdischen Volk. Sie weigert sich, das Argument zu akzeptieren, daß all dies im Interesse des Aufbaus Palästinas geschah; daß vermutlich die Waren und Gelder, die damals ins Land strömten, mindestens zehn Prozent der Juden in Deutschland, etwa 55 000, das Leben gerettet und den Aufbau einer menschenwürdigen neuen Existenz ermöglicht hätten[146]. Für sie handelt es sich um eine Beschwichtigungspolitik, wie sie von Staatsmännern aller Nationen betrieben wurde. Was Arendt besonders irritiert, ist, daß auf diese Weise nur eine Minderheit gerettet wurde und daß diejenigen, die diese Minderheit auswählten, Interessen vertraten und Kriterien anwandten, die denen der Nazis ähnlich waren. So schreibt sie: »Da die wenigen Tausend, die durch diesen Handel gerettet wurden, prominente Juden und Mitglieder der zionistischen Jugendbewegung waren, also im Sinne Eichmanns ›bestes biologisches Material‹, hatte

Dr. Kastner eben die anderen Juden seiner ›Idee‹ geopfert, wie es sich für einen Idealisten gehört.«[147] Kastner war ein prominenter ungarischer Jude, dem es gelang, eine Gruppe von 1684 Juden, unter ihnen Kastners Familie selbst, aus Ungarn über das Austauschlager Bergen-Belsen in die Schweiz zu schicken – für einen Preis von 1000 Dollar pro Kopf[148]. Auch in Rumänien »entdeckte« man, »daß man Juden gegen Devisen ins Ausland verkaufen konnte«, was die Rumänen »zu glühenden Anhängern jüdischer Auswanderung« machte – »für 1300 Dollar pro Kopf. So kam es, daß in Rumänien mitten im Kriege eine der wenigen Schleusen für jüdische Auswanderung nach Palästina entstand.«[149] In diesen Bereich gehört auch der makabre Vorschlag Himmlers, den er den Alliierten durch einen Abgesandten Eichmanns unterbreitete, eine Million Juden gegen 10000 Lastwagen auszutauschen[150].

Was die angebliche Mithilfe der Juden an der eigenen Vernichtung betrifft, so gab es in der ersten Phase (von 1933 bis 1939) keine Kooperation mit dem Regime, die zur eigenen Vernichtung beigetragen hätte, denn in diesem Zeitraum stand die systematische Ausrottung der Juden noch gar nicht auf dem Programm. Die lokale Organisation der Juden war damals, wie schon vor der Machtübernahme durch die Nationalsozialisten, die israelitische Kultusgemeinde. Als Dachorganisation der Juden in Deutschland fungierte seit Ende 1933 die Reichsvertretung deutscher Juden, eine überparteiliche Vereinigung jüdischer Persönlichkeiten unter der Leitung des Berliner Oberrabbiners Leo Baeck. Während dieser ersten Phase beschnitt das Regime die Rechte der Juden durch Gesetze und Verordnungen, organisierte Krawalle und Pogrome, zwang jedoch die offiziellen jüdischen Vertretungen nicht in seinen Dienst.

Die Frage des Widerstands gegen die Maßnahmen des Regimes wurde in der ersten Phase von außen an die jüdische Führung herangetragen, und zwar durch Mahatma Gandhi, der unmittelbar nach der Kristallnacht im Jahr 1938 einen offenen Brief an Martin Buber und Leo Baeck richtete, in dem er die Juden Deutschlands aufforderte, ihr Leben auf dem Altar des passiven Widerstands zu opfern. Solch ein freiwilliger Todeseinsatz,

meinte Gandhi, würde die Juden der Welt geistig stärken und
gleichzeitig das Gewissen der Menschheit wachrufen. Martin
Buber, dessen Antwort sich auch Leo Baeck anschloß, wies darauf hin, daß die Haltung der Gewaltlosigkeit einer »dämonischen
Universalwalze gegenüber«[151] sinnlos sei. »Martyrium bedeute
Zeugenschaft. Die Judenfeinde seien aber nicht bereit, das Zeug-
nis anzunehmen. Damit sei freiwilliges Martyrium sinnlos geworden. Judentum sei [ferner] eine Lehre des Lebens und nicht
des Todes.«[152] Meines Wissens hat sich Hannah Arendt nie darüber geäußert, ob sie in dieser ersten Phase passiven Widerstand
für möglich oder gar für geboten hielt. Ihr späterer Aufsatz über
Henry David Thoreau steht in einem ganz anderen Zusammenhang: In ihm stellt sie fest, daß nach Thoreau Regierungsgewalt
allein auf der Zustimmung der Bevölkerung beruht; daß, sollte
die Regierung ihre Gewalt mißbrauchen, der Bürger das unver-
äußerliche Recht hat, seine Zustimmung zurückzuziehen und die
Anordnungen der Regierung zu mißachten. Thoreaus Protest
fand im Amerika der ersten Hälfte des 19. Jahrhunderts statt, also zu einer Zeit, da der Gedanke an die Entstehung der Vereinigten Staaten auf der Grundlage eines kündbaren Gesellschaftsvertrags in den Köpfen der geistigen Elite noch überaus lebendig
war. Eine ähnliche Philosophie hatte in Deutschland keine Tradition und stand in radikalem Gegensatz zur Staats- und Rassen-
theorie des nationalsozialistischen Regimes. Auch wenn Arendt
an das Verhalten jüdischer Kriegsteilnehmer in Frankreich erinnert, ist nicht klar ersichtlich, wie dies als Beispiel für die entsprechende Gruppe in Deutschland hätte dienen können. In Frankreich hatte die Regierung den jüdischen Kriegsteilnehmern gewisse Privilegien angeboten, worauf diese erwidert haben sollen,
sie würden alle besonderen Vorteile zurückweisen, die ihnen
möglicherweise aus ihrem Status als ehemalige Soldaten erwach-
sen würden[153]. In Deutschland hat das Regime nie ähnliche An-
gebote gemacht, so daß auch keine Gelegenheit für ein entspre-
chendes Verhalten bestand.

Zu Anfang der zweiten Phase, in der das Regime mit der Deportation der Juden in Durchgangs- oder Vernichtungslager die
»Endlösung« vorbereitete, wurde die »Reichsvertretung«, nun-

mehr »Reichsvereinigung« genannt, von der Sicherheitspolizei übernommen. Ihr gehörten laut Raul Hilberg, dessen Darstellung der Ereignisse in *The Destruction of the European Jews* sich Hannah Arendt weitgehend zu eigen macht, nicht nur alle Personen an, die der Religion nach Juden waren, sondern auch all diejenigen, die nach den geltenden Verordnungen und Gesetzen vom Regime als Juden definiert wurden. Gleichzeitig verloren auch die Kultusgemeinden ihren ursprünglichen Charakter. Im großen und ganzen gab es jedoch keine wesentlichen personellen Veränderungen: In den meisten Fällen wurden die Persönlichkeiten, die bisher die Gemeinden geleitet hatten, vom Regime als Ältestenrat, bald Judenrat genannt, zur Erfüllung vollständig neuer Aufgaben herangezogen, nämlich die Deportation der Mitglieder ihrer Gemeinden mit vorzubereiten. Bei der Aufzählung dieser Aufgaben beziehen sich Arendt / Hilberg fast ausschließlich auf die Situation in den osteuropäischen Ländern. Arendts Behauptung: »In dieser Frage der Kooperation gab es keinen Unterschied zwischen den weitgehend assimilierten jüdischen Gemeinden in Mittel- und Westeuropa und den jiddisch sprechenden Massen des Ostens«[54] wird von ihr nicht belegt. Nach der Verordnung des Generalgouvernements vom 22. November 1939 mußte, laut Hilberg, jede jüdische Gemeinde, zu der bis zu 10000 Seelen gehörten, einen »Judenrat« von zwölf Mitgliedern wählen. Der Vorsitzende eines Judenrats wurde so de facto zu einem Bürgermeister, während der Judenrat selbst etwa die Funktion eines Stadtrats hatte. Zu den Aufgaben der jüdischen Funktionäre gehörten die Sicherstellung von gewissem persönlichen Eigentum der zur Deportation Bestimmten, die Auflistung leerstehender Wohnungen, die Ausübung der Polizeigewalt (durch Ordner), die Juden festnehmen und zu den Zügen bringen mußten, sowie die Übergabe jüdischen Gemeindeeigentums an die Gestapo (zur Finanzierung der Deportationen). Die von Heydrich im Generalgouvernement eingesetzten Judenräte mußten einen sofortigen Zensus der Juden in ihrer Gegend durchführen und waren persönlich verantwortlich für die Evakuierung der Juden vom Land in die Konzentrationslager, für den Unterhalt der Juden während des Transports und für ihre Unterbringung nach der Ankunft. Jeder Judenrat hatte ferner das Recht, Leute zu Zwangsarbeit zu verpflichten[155].

Arendt berichtet von einem Josef Löwenherz, der der erste jüdische Funktionär gewesen sein soll, der wirklich eine ganze jüdische Gemeinde so organisierte, daß die Nazibehörden sich ihrer als Institution bedienen konnten[156]. Hilberg beschreibt den Fall eines Obersturmführers Anton Brunner, der bei der ersten »Umsiedlungsaktion« in Wien nicht alle Juden deportieren konnte und deshalb sechs Kategorien jüdischer Bürger Immunität zusagte, unter der Bedingung, daß der jüdische Apparat ihm bei der Deportation der anderen Juden zu helfen versprach. Dabei belegten die offiziellen Juden den ersten Platz auf der Liste der Ausnahmen, auf die sich Brunner und der Wiener Rabbiner Benjamin Murmelstein geeinigt hatten. Diese Zurückstellung dauerte jedoch nur so lange, wie die Kooperation des jüdischen Verwaltungsapparates für die Deportationen benötigt wurde[157].

Obgleich Hilberg erklärt, daß die jüdischen Führer sich zu absoluten Herrschern entwickelt hätten, die über die Gettogemeinde mit uneingeschränkter Macht verfügten und sich dabei auf deutsche Autoritäten beriefen, um den Gehorsam der Gemeinde zu erzwingen[158], erkennt er das Dilemma an, in dem sich die sogenannten Judenräte befanden. Sie versuchten immerhin bis zum Ende, das Leiden zu lindern und das Massensterben in den Gettos aufzuhalten[159]. Einige Juden händigten sie aus, um wieder andere zu retten[160]. Dazu kommt eine Anzahl von Umständen, die bei einer fairen Beurteilung ihres Verhaltens berücksichtigt werden müßten. So soll in ganz Polen die große Mehrzahl der Juden sich freiwillig an den Sammelpunkten eingefunden und die Züge in die Vernichtungslager bestiegen haben[161]. In Deutschland selbst gab es von seiten des Regimes Maßnahmen, die sicherstellen sollten, daß die zu deportierenden Juden keinen Verdacht schöpften. So berichtet Arendt, daß die Reichsvereinigung der Juden in Berlin angewiesen wurde, »vor der Deportation mit jedem [...] Juden einen ›Heimeinkaufsvertrag‹ für Theresienstadt abzuschließen. Der Anwärter auf ein ›Heim‹ übertrug sein gesamtes Vermögen der Reichsvereinigung, wofür diese ihm Wohnung, Essen, Kleidung und ärztliche Versorgung

auf Lebenszeit garantierte.«[162] Über die Mitglieder der Judenräte selbst sagt Hilberg, daß einige führende Persönlichkeiten
unter ihrer Macht zusammenbrachen, während andere von der
Macht berauscht wurden[163].

Arendt jedenfalls geht mit den führenden Männern der Judenräte streng ins Gericht. Für einen Juden, schreibt sie in *Eichmann in
Jerusalem,* war die Rolle, die diese Führer bei der Vernichtung ihres
eigenen Volkes spielten, »zweifellos das dunkelste Kapitel in der
ganzen dunklen Geschichte«[164]. Ja, sie meint, daß die Anklage im
Eichmann-Prozeß immer wieder den jüdischen Widerstand betont habe, um die Kooperation der Judenräte mit den Nazis zu
verschleiern. Sie glaubt, daß ohne diese Kooperation die »Endlösung« nicht so vollständig gelungen wäre. Schon bei Eichmanns
Verhandlungen in Wien war das A und O seiner Organisations-
und Verhandlungstaktik, die jüdischen Funktionäre zur Mitarbeit zu bewegen[165]. »Wäre das jüdische Volk wirklich unorgani-
siert und führerlos gewesen, so hätte die ›Endlösung‹ ein furcht-
bares Chaos und ein unerhörtes Elend bedeutet, aber angesichts
des komplizierten bürokratischen Apparats, der für das ›Aus-
kämmen‹ von Westen nach Osten notwendig war, wäre das Re-
sultat nur in den östlichen Gebieten, die ohnehin der Kompetenz
der ›Endlöser‹ nicht unterstanden, gleich schrecklich gewesen [...].«[166] Es ist mir nicht klar, wen Arendt hier als »Endlöser«
bezeichnet. Die Naziautoritäten im Westen, die die Juden erst
sammeln mußten – im Gegensatz zu denen im Osten, die die Juden
schon gesammelt in ihren traditionellen Gettos vorfanden? Auch
ist schwer verständlich, wie Arendt sich jüdische Gemeinden ohne
Organisation und Führung vorstellt. Gewiß wäre es denkbar gewesen, daß sich die Kultusgemeinden bei ihrer Übernahme durch
das Regime selbst aufgelöst hätten; aber wäre dazu nicht eine ganz
andere Vorgeschichte des deutschen Judentums nötig gewesen?
Die Juden in Deutschland waren in der Weimarer Republik Bürger wie alle anderen Deutschen, denen jeder Gedanke selbst an
einen passiven Widerstand gegen den Staat und seine Vertreter
vollständig fernlag, ganz abgesehen davon, daß sie nur eine Minderheit von weniger als einem Prozent der Bevölkerung darstell-
ten und für »revolutionäre« Handlungen in keinerlei Weise vorbe-

reitet waren. Denn selbst passiver Widerstand wäre in einem geordneten und ordnungsgläubigen Land eine revolutionäre Tat
gewesen, für die, wie uns die Geschichte eines Gandhi oder Martin Luther King lehrt, sowohl geistiges als auch praktisches Trai-
ning notwendig gewesen wäre. Weder das eine noch das andere
war in dem assimilierten, individualistischen jüdischen Bürgertum der Fall. Arendts Vorwurf gilt also einer 200 Jahre alten
Geschichte, nämlich der Assimilation der Juden, deren Produkt
sie, Arendt, ebenso war wie diejenigen deutschen Juden, die sich
nicht rechtzeitig ins Ausland absetzen konnten. Natürlich will sie
ihre Kritik nicht als Anklage verstanden wissen. Eine Anklage –
und zwar eine grausame – sieht sie dagegen in der Frage, die der
Generalstaatsanwalt im Eichmann-Prozeß jedem jüdischen Zeugen stellte, der Frage, warum der Betreffende keinen Widerstand
geleistet habe. Der Unterschied zwischen der Kritik Arendts und
der des israelischen Generalstaatsanwalts liegt meines Erachtens
darin, daß Arendt, wie Kant, von der Autonomie des menschlichen Gewissens ausgeht, das im gegebenen Fall nicht bereit war,
den Widerstand zu wagen, während sie Hausner die Überzeugung unterstellt, daß effektiver Widerstand nur mit Hilfe eines
Staates, sprich: des jüdischen Staates hätte geleistet werden können; dies würde bedeuten, daß auch er, wenngleich in gänzlich
anderer Absicht als Arendt, 200 Jahre Assimilation für den nicht
erfolgten Widerstand verantwortlich macht.

Die dritte Phase ist die Phase der sogenannten Endlösung, der
Vernichtung der Juden in den Konzentrationslagern. Hierbei
waren, wie Arendt aus den Zeugenaussagen im Eichmann-Prozeß folgert, »überall [...] jüdische Sonderkommandos beschäftigt gewesen«[167]. Die von der Anklage geladenen Zeugen hatten,
laut Arendt, »klipp und klar bestätigt – wie die ›Sonderkommandos‹ in Gaskammern und Krematorien gearbeitet, wie sie
den Leichen die Goldzähne gezogen und die Haare abgeschnit-
ten hatten, wie sie die Gräber gegraben und später die gleichen
Gräber wieder aufgegraben hatten, um die Spuren des Massen-
mords zu beseitigen, wie jüdische Techniker die später nicht benutzten Gaskammern in Theresienstadt gebaut hatten, wo die
jüdische ›Autonomie‹ so weit getrieben wurde, daß selbst der

Henker ein Jude war.«[168] Die Autorin sieht darin einen Beweis
für ihre These, daß die letzte Phase des Terrors selbst die Opfer in
einem Maß entmenschlichte, daß sie willenlos ihr eigenes Grab
aushoben, ja, zu Komplizen des Henkers wurden.

Widerstand kam also in dieser Phase nicht mehr in Frage. Der
Aufstand im Warschauer Getto gehört, wie ich meine, eher in die
Phase der Vorbereitung der »Endlösung« als in diese selbst. Daß
es im Warschauer Getto doch noch zu einem Aufstand kam,
hängt unter anderem damit zusammen, daß im Gegensatz zu den
von den Nazis künstlich geschaffenen Stätten, die zur besseren
Erfassung der Juden zum Zwecke ihrer Weiterverfrachtung in
die Vernichtungslager dienten, das Warschauer Getto eine
eigene Geschichte und Bevölkerung hatte. Diese Bevölkerung
wurde durch einen aus verschiedenen Parteien rekrutierten Ge-
meinderat vertreten, der im Gegensatz zu den vom Regime eingesetzten, meist aus der ehemaligen Honoratiorenklasse bestehenden Judenräten sich zu einer geheimen Zentrale des Widerstands entwickeln konnte. Auch hier waren die Meinungen über
die Zweckmäßigkeit offener Rebellion geteilt, zumal sich die
Hoffnung auf Hilfe von außen schnell zerschlug. Die nach London und Washington hinausgeschmuggelten Appelle blieben un-
beantwortet. Arendt spricht wohl zu Recht von einem vollständigen Zusammenbruch internationaler Solidarität[169]. Der Aufstand im Warschauer Getto war ein Akt der Selbstachtung und
Verzweiflung jenseits jeder Hoffnung auf Erfolg.

Die Kontroverse um Arendts »Bericht«

Bekanntlich hat Arendts Bericht *Eichmann in Jerusalem* eine Kontroverse ausgelöst, die vor allem das damalige amerikanische
und israelische Judentum erschütterte. Die Intensität und Dauer
der Kontroverse zeigt, wie mir scheint, daß Arendt, der man
Taktlosigkeit und mangelnde Kenntnis vorwarf, absichtlich oder
unabsichtlich wesentliche, bis dahin unangetastete Tabus gebrochen und auf fundamentale Probleme des modernen Judentums
hingewiesen hat. Die Diskussion begann im Mai 1963 mit einem

Artikel in der *New York Times* von Michael Musmanno, einem der Ankläger in Nürnberg und Zeugen für die Anklage in Jerusalem, und endete drei Jahre später mit einem Buch des Hauptanklägers in Jerusalem, Gideon Hausner. Dazwischen lagen Versuche, Arendt zur Einstellung der Veröffentlichung ihres »Berichts« zu bewegen, Kampfansagen jüdischer Organisationen, eine Unzahl von Aufsätzen, die gegen die Autorin des Berichts gerichtet waren, sowie persönliche Angriffe jüdischer Freunde, von denen mehrere Arendt ihre Freundschaft aufkündigten. Siegfried Moses vom »Rat der Juden aus Deutschland« hatte Arendt noch vor Erscheinen der letzten Fortsetzung ihres Berichts den Kampf angesagt. Jacob Robinson hatte für ein Merkblatt der »Anti-Defamation-League« zur Bekämpfung des Antisemitismus eine Reihe von Argumenten gegen Arendts Behauptungen und faktische Fehler oder Ungenauigkeiten in ihrem Bericht zusammengestellt, die von einer Anzahl von Autoren als Grundlage ihrer kritischen Stellungnahme benutzt wurden. Eine bekannte jüdische Persönlichkeit nannte den Schaden, der durch die »Halbwahrheiten« in Arendts Bericht angerichtet worden war, »unberechenbar«; eine andere behauptete, Arendt habe den Juden vorgeworfen, daß sie sich »aus Feigheit und mangelndem Widerstandswillen« hätten abschlachten lassen; eine dritte meinte, Eichmann käme in Arendts Buch besser davon als seine Opfer; eine vierte sprach davon, daß in Arendts Bericht die Opfer ein zweites Mal umgebracht würden [170].

Auch Arendts Freunde waren von einigen ihrer Aussagen in *Eichmann in Jerusalem* tief betroffen. Gershom Scholem warf ihr in einem Brief vor, sie habe keinerlei emotionales Engagement für ihr eigenes Volk; sie liebe niemanden außer ihren Freunden. Hans Jonas, Arendts Freund seit gemeinsamen Studienjahren, brach die Beziehungen ab, nachdem sie einen Brief von ihm nicht beantwortet hatte. Erst nach einem Jahr wurden dank der Vermittlung von Frau Jonas die Beziehungen wiederaufgenommen unter der Bedingung, daß der Eichmann-Bericht nicht mehr erwähnt würde. Am schmerzlichsten für Arendt war wohl die Tatsache, daß Kurt Blumenfeld noch kurz vor seinem Tode durch dritte Personen von Arendts Bericht erfahren hatte, ohne ihn

Kurt Blumenfeld (1884–1963), führender deutscher Zionist

selbst lesen zu können. Arendt war es nicht mehr möglich, dem verbitterten Freund ihre Ansichten und Überzeugungen selbst zu erklären. Von jüdischen Persönlichkeiten, die auf Arendts Seite standen und die versuchten, sie gegen die Flut von Anklagen zu verteidigen, wären lediglich Hans Morgenthau, Bruno Bettelheim und Alfred Kazin zu nennen.

Die Vielfalt der Vorwürfe kann man in folgender Weise zusammenfassen. Da gab es den Vorwurf, daß jemand, der nicht selbst unmittelbar betroffen war, also keine der drei Phasen des Vernichtungsprozesses der Juden selbst erlebt hatte, kein Recht habe, über diejenigen den Stab zu brechen, die unter nicht nachvollziehbaren Umständen sich dem Schicksal stellen mußten. Arendt hält dagegen, daß, wenn man diese Regel strikt anwende, weder Geschichtsschreibung noch Urteilsfällung über geschichtliche Vorgänge möglich wären. Andererseits war bei Abfassung von *Eichmann in Jerusalem* zuwenig Zeit vergangen, als daß dem Historiker genügend gesichertes Material zur Verfügung gestanden hätte. Gleichzeitig war die Zahl derer, die im Zentrum des Grauens gelebt hatten und nur aus der Perspektive des eigenen Leidens zu urteilen vermochten, noch erschreckend groß. Ein weiterer Vorwurf bezog sich auf Arendts Stellung zum Zionismus und zum Staat Israel. Dazu sagte Arendt selbst, sie sei nie gegen Israel gewesen, sondern hätte im Gegenteil während der israelisch-arabischen Kriege um Israels Existenz gezittert, auch wenn sie die in Israel vorherrschende Politik scharf ablehnte. Ein dritter Vorwurf, der gerade von ihren Freunden am häufigsten geäußert wurde, bezog sich auf ihren angeblich »mangelnden Herzenstakt«. Hier muß man wohl unterscheiden zwischen Mißverständnissen, die sich aus der Substanz ihrer Aussagen ergaben, und solchen, die nur eine intime Kenntnis ihrer Persönlichkeit hätte klären können. Da ich Hannah Arendt nur wenige Male begegnet bin, muß ich mich auf erstere beschränken. Dabei denke ich vor allem an ihre Beschreibung der Welt des Terrors als einer »fiktiven« Welt, einer Welt, in der jedoch das Leiden der Opfer unendlich wirklich war. Ich denke ferner an Arendts Rede von der Banalität des Bösen, die den Verdacht hervorrufen könnte, daß sie das Böse und seine vernichtende Wirkung auf den

Menschen nicht wirklich ernst nahm. Aber hier handelt es sich lediglich darum, daß sie dem Bösen jede ontologische Würde abspricht und den, der jenem System dient, als gedankenlos und banal bezeichnet.

Natürlich gab es gute Gründe dafür, daß gerade das Leiden im Mittelpunkt der Kontroverse, der Aufregungen und Verbitterungen stand. Im alten Israel war Gott Urheber des Leidens: Er strafte sein Volk, wenn es von ihm abfiel oder seine Gesetze mißachtete, oder er sandte Leiden, um, wie im Falle Hiobs, die Treue seines Knechts zu prüfen. In den Zeiten der Diaspora interpretierten die Juden das Leiden, das ihnen zustieß, als Folge ihrer Erwählung durch Gott. Der Jude sah sich als »leidenden Gottesknecht«, auserwählt zum Dienst an Gottes Gerechtigkeit, die sich durch sein Zutun am Ende der Zeiten erfüllen würde. Freilich bediente sich Gott anderer Menschen, um den Juden Leiden zuzufügen, und diese erschienen dadurch in deren Augen als böse. Arendts Vorwurf, einige führende Juden hätten an ihrer eigenen Vernichtung mitgearbeitet – und sei es nur dadurch, daß sie keinen passiven Widerstand leisteten –, hebt die grundlegende Trennung auf, auf der das jüdische Selbstverständnis fußt: die Trennung zwischen den Auserwählten auf der einen und den Leiden zufügenden bösen Menschen auf der anderen Seite.

Obwohl Arendt selbst nicht religiös war und wenig über die Geschichte des Judentums wußte, war für sie das entscheidende Ereignis die Tatsache, daß mit der Assimilation der Juden der religiöse Sinn des Leidens verlorenging. Die Juden litten nicht mehr wegen ihres Glaubens an einen Gott, der sie auserwählt hatte unter den Völkern. Damit ging auch der ursprüngliche Sinn der Auserwählung verloren. Aus dem Anspruch des Auserwähltseins wurde nach Arendt der leere Wahn, »daß Juden von Natur besser oder klüger oder gesünder oder widerstandsfähiger oder das Salz der Erde seien«[171]. Sie spricht deshalb von einem Chauvinismus der Assimilierten, von einem Sich-besser-Dünken, das nicht weniger willkürlich ist als das Sich-besser-Dünken aller anderen Chauvinisten. Es ist also nicht in erster Linie der vulgäre oder politische Chauvinismus im Sinne moderner Nationalismen, der sie betrübte, sondern die Selbstgerechtigkeit von bestimmten Vertretern ihres eigenen Volkes, die an der Fiktion der Auserwähltheit festhielten, obgleich die religiösen Grundlagen der Auserwähltheit längst verlorengegangen waren. Die Verbitterung, mit der Hannah Arendt von einigen jüdischen Eiferern kritisiert wird, mag sich an ihrem Hinweis entzünden, daß es gerade der Verlust der religiösen Begründung des Leidens ist, der bei manchen Juden zu einer Art von Anspruch auf ein jüdisches Leidensmonopol führte. In der Tat konnte weder das Ausmaß noch die Art der Leiden, die Juden unter der Naziherrschaft zu erdulden hatten, jenen Verlust rückgängig machen. Was man Arendt vielleicht zum Vorwurf machen kann, ist, daß sie sich bei dem Prozeß in Jerusalem allein auf das Problem der Rechtsprechung, der Schuld oder Unschuld Eichmanns, konzentrierte und das Leiden seiner Opfer als juristisch irrelevant ausklammerte. Ihr ging es vor allem um die Natur des Bösen und um die Persönlichkeit des Angeklagten, der offenbar ohne Gewissensbisse die Maschinerie des Tötens bediente. Diese Beschränkung ihres Interesses hat bei einigen ihrer Kritiker den Eindruck erweckt, sie habe mehr Verständnis für den Mörder als für die Ermordeten. Nun ist Leiden keine juristische Kategorie und mag für den, der sich in erster Linie für den Täter – seinen Charakter, seine Motive – interessiert, von sekundärer Bedeutung sein; aber bezieht sich Gerechtigkeit, die Wiederherstellung einer durch den Mörder gestörten Ordnung, nicht auch auf seine Opfer? Gerade weil Arendt das Böse, dessen Diener Eichmann war, als »banal« charakterisiert, verlangt dann die Gerechtigkeit nicht wenigstens Mitleid für die Masse seiner Opfer – ganz abgesehen davon, ob ihr Leiden im traditionellen religiösen Verständnis »sinnvoll« ist?

Arendts Kritik an führenden jüdischen Persönlichkeiten und die Entrüstung vieler Juden über diese Kritik konzentrierten sich in besonderem Maße auf die Person Leo Baecks. Baeck hatte als Oberrabbiner der jüdischen Gemeinde zu Berlin die Auswanderung aus Deutschland abgelehnt und war mit Teilen seiner Gemeinde nach Theresienstadt verschleppt worden. Arendt hatte den angesehenen Leo Baeck in der ersten Auflage ihres Eichmann-Buches als »jüdischen Führer«[172] bezeichnet, ein Wort, das geeignet war, sie als taktlose Richterin erscheinen zu lassen. Was sie vielleicht wirklich fühlte, war, daß Baeck im deutsch-jüdischen Bürgertum als ethische Persönlichkeit eine Verehrung genoß, die in etwa der eines chassidischen Wunderrabbis in osteuropäischen Ländern entsprach. Worum es in der kontroversen Einschätzung Baecks im Grunde ging, war wiederum das Problem der jüdischen Auserwähltheit und sein Zusammenhang mit jüdischem Leiden. Baeck sah die jüdische Auserwähltheit in Verbindung mit den höheren ethischen Ansprüchen, die das Judentum an seine Mitglieder stellte. Dies entsprach der Anschauung eines großen Teils des damaligen deutsch-jüdischen Bürgertums, die Juden hätten eine besondere ethische Verpflichtung, weil sie ein auserwähltes Volk waren. Für manche bedeutete dies wohl auch, daß sie auserwählt wären, weil sie moralischer als andere Menschen waren. Dieser moralische Chauvinismus verführte Leo Baeck zu der Behauptung, die Juden würden verfolgt, weil sie mehr Talent hätten[173].

Was Baecks Entscheidung betraf, freiwillig mit seiner Gemeinde den Leidensweg zu gehen, so hatte Arendt keinerlei Zweifel an seiner guten Absicht; sie stellte sein gutes Urteilsvermögen in Frage. Sie sprach vom »gelehrten, milden und hochkultivierten Leo Baeck, der ernsthaft meinte, daß jüdische Polizisten ›sanfter und hilfreicher‹ sein und ›die Qual erträglicher machen‹ würden«[174]. Für Arendt war es falsches, wirklichkeitsfremdes Mitleid, wenn Baeck seinen Mitgefangenen angeblich verschwieg, daß Auschwitz ein Vernichtungslager war. Und doch muß man sich fragen, ob sich Baecks politische Naivität nicht auch, außer vom unpolitischen Charakter des deutschen Bürgertums, von jener traditionellen jüdischen »Weltlosigkeit« herleiten läßt, die Hannah Arendt als Grundlage jüdischer Menschlichkeit bezeichnet hat.

Der politische Sündenfall

Arendts Beschäftigung mit den Ursprüngen und Grundelementen totalitärer Herrschaft änderte nichts an ihrer Überzeugung, daß ihre Heimat, wie sie zur Zeit ihrer Auswanderung aus dem nationalsozialistischen Deutschland gegenüber Jaspers bemerkt hatte, die deutsche Sprache, Dichtung und Philosophie war. Ihre engen Beziehungen zu ihrem deutsch-jüdischen Freundeskreis in New York und ihre Besuche in Deutschland, wo sie in Jaspers und Heidegger die prominentesten Vertreter der deutschen Sprache und Philosophie sah, bestätigen diese Aussage. Vergleicht man Arendts New Yorker Freundeskreis mit dem Salon Rahels, so läßt sich feststellen, daß Rahel als Jüdin fremd im eigenen Kreise war, während Arendt sich unter Gleichgesinnten in der Fremde befand. In der Tat waren sie und ihre Freunde Überbleibsel der in Deutschland ausgerotteten und in der Fremde nicht mehr regenerationsfähigen deutsch-jüdischen Kultur. Der Kreis war in diesem Sinne »weltlos«, ein Ort der Zuflucht privater Art, ohne wesentlichen Erfahrungsnachschub aus der ehemaligen Heimat.

Man mag sich fragen, ob Mitglieder anderer Kulturnationen, die ihre physische Heimat verloren, sich in ähnlicher Weise ihrer Muttersprache gegenüber verhielten wie Arendt. Mir scheint, als ob der deutschen Sprache, verglichen mit anderen Sprachen, etwa der französischen oder englischen, eine besondere Funktion zukommt. Ein Grund dafür mag in der Tatsache liegen, daß zur Blütezeit der deutschen Kultur es keinen deutschen National-staat gab, ja eigentlich nicht einmal ein deutsches Volk. Die deutsche Sprache wurde so zum Ausdruck der Sehnsucht nach einem

Gemeinsamen, in dem Ästhetik die Stelle von Politik einnimmt. Aus Protest gegen die kleinräumige bürgerliche Welt verfremdet die dichterische Phantasie die bestehenden Konventionen, um im Akt der Selbsttranszendenz jenes allumfassende Eine zu schaffen. »Indem ich dem Gemeinen einen hohen Sinn, dem Gewöhnlichen ein geheimnisvolles Ansehen, dem Bekannten die Würde des Unbekannten gebe, romantisiere ich es!«[175] So schreibt Novalis. Eichendorff fügt gleichsam hinzu: »Dieses absolute Ich [...], unter Negation aller bestehenden Wirklichkeit [...] produziert [...] selbst erst [...] die wahre Wirklichkeit, und ist somit sein eigener Gott und Schöpfer der Welt!«[176] Diese romantische Projektion, eine Hypostasierung von Gefühlen, suchte und fand ihren Ausdruck in der allgegenwärtigen Natur, in der hehren Welt der griechischen Götter oder in der symbolreichen Kultur des Mittelalters.

Eigenartigerweise bestehen gewisse Parallelen zwischen den deutschen Romantikern, vor allem den frühen, und dem jüdischen Paria, die gelegentlich zu Konvergenzen, ja zu einer Art von Symbiose führen. So nehmen die einen wie die anderen eine Sonderstellung innerhalb der bürgerlichen Gesellschaft ein. Der jüdischen Weltlosigkeit entspricht in der Romantik eine gewisse Weltfremdheit: Der erzwungenen politischen Abstinenz der Juden steht in einigen Phasen der Romantik der Affekt gegen jede Politik gegenüber, die das Maß der Vereinsmeierei oder des Klüngelhaften übersteigt. Und wie bei den Juden das Leiden an der Weltlosigkeit oder das Leiden an der Christenheit, die zum Teil diese Weltlosigkeit erzwungen hatte, sich zu einem Kult entwickelte, so entwickelte sich in der deutschen Romantik ein Kult des Leidens an der Unzulänglichkeit dieser (bösen) Welt. Dazu kommt, daß auch die deutschen Romantiker vom *Eigentlichen* sprechen: Statt vom *eigentlichen* Menschen, den Arendt im Paria mit seinen unauflösbaren Ambivalenzen sieht, sprechen sie vom Geistig-Eigentlichen in seiner Eindeutigkeit; an die Stelle der jüdischen Auserwählung durch Gott tritt die romantische Selbsterwählung zum »Volk der Dichter und Denker«. Schon in Rahels Salon konvergierten jüdische Empfindlichkeit und romantische Empfindsamkeit. Wenn Arendt von Heine sagt, daß er der einzige Mensch gewesen sei, der sowohl Jude als auch Deutscher war, so meint sie wohl, daß er gleichzeitig deutscher Romantiker und jüdischer Paria war. Freilich gab es im jüdischen Bildungsbürgertum noch eine andere Art von Symbiose zwischen dem vorwiegend ästhetischen Humanismus Goethescher Prägung und dem vorwiegend ethischen, der aus der religiösen Tradition des Judentums stammte. Schon in Rahels Salon war die Konvergenz prekär und wurde bald durch den Nationalismus der politischen Romantik abgelöst. Im ersten Drittel des 20. Jahrhunderts nahmen die zwei Aspekte der Symbiose besonders vielfältige und schillernde Formen an. Ihre prekäre Natur wurde jedoch von jüdischen Dichtern und Philosophen deutlich wahrgenommen. Man denke nur an Hermann Cohen, der im Alter den deutschen Idealismus verwarf, oder an Kafka, der sich in der deutschen Sprache als ein Fremder fühlte.

Beziehung zu Jaspers

Arendt, die als Humanistin Jaspers verehrte und als Romantikerin für Heidegger schwärmte und sich zeitlebens ihre Liebe zur deutschen Sprache bewahrte, hat sowohl die Einzigartigkeit der deutsch-jüdischen Symbiose als auch deren Untergang dargestellt. Die Frage, ob etwa die Affinität von jüdischem Paria und deutscher Romantik in einem Akt des Umschlags oder der Perversion zur endgültigen Katastrophe beitrug, hat sie, wenigstens in ihren Schriften, nicht gestellt.

Arendt hat nach dem zweiten Weltkrieg des öfteren sowohl Jaspers als auch Heidegger in Deutschland besucht. Jaspers war für sie die verehrte Vaterfigur, gleichzeitig wohl auch Ersatz für den eigenen Vater, Heidegger das Objekt einer aus früher Studienzeit stammenden schwärmerischen Beziehung. Beide, Jaspers wie Heidegger, wurden durch den Nationalsozialismus gezwungen, politisch Stellung zu beziehen. Dies war für Arendt, die sonst darauf bestand, privates und öffentliches Leben streng voneinander zu trennen, der zwingende Anlaß, sich über die Beziehung von Sprache, Dichtung und Philosophie und dem politi-

Karl Jaspers (1883–1969), gezeichnet während einer Vorlesung von Michaelis de Vasconcellos, 1929

schen Verhalten ihrer prominenten Vertreter Gedanken zu machen und diese Gedanken gelegentlich auch öffentlich zum Ausdruck zu bringen.

Arendts Bezihung zu Jaspers und dessen Frau war, im Gegensatz zu der zu Heidegger, frei von größeren Problemen. Jaspers war für sie Ausdruck der in der Antike begründeten Tradition unbestechlichen Philosophierens. Daß Jaspers sie schätzte und sie in ihrer Arbeit ermutigte, gab ihr das Gefühl der Zugehörigkeit eben zu jener Tradition, ein Gefühl, das jedoch immer wieder der Bestätigung bedurfte. Dies war wohl der Grund, warum sie ständig fürchtete, Jaspers oder etwa Kurt Blumenfeld, eine andere ihrer Vaterfiguren, könne plötzlich sterben.

Die Verehrung, die Arendt Jaspers entgegenbrachte, ließ sie manches übersehen, was sie vermutlich an anderen Menschen kritisch vermerkt hätte. So war Jaspers zur Zeit der Machtübernahme durch die Nationalsozialisten durchaus ein deutscher Nationalist, der genausowenig wie andere Mitglieder des gebildeten Bürgertums die Zeichen der Zeit zu verstehen schien. Warum sie sich als Jüdin von den Deutschen trennen wollte, hatte er Arendt erstaunt gefragt[177], als sie ihm von ihrer geplanten Flucht aus Deutschland erzählte. Er hatte sogar vom »deutschen Wesen« gesprochen, was Arendt veranlaßte, jene berühmte Antwort zu geben, daß ihre Heimat nicht das deutsche Wesen, sondern die deutsche Sprache, Dichtung und Philosophie sei. Es scheint mir bedenklich, wenn Arendt später davon spricht, daß Jaspers während der Naziherrschaft die »humanitas« in Deutschland vertreten habe; denn Jaspers hat nie einer Widerstandsgruppe angehört oder seine Stimme gegen eine Maßnahme des Regimes erhoben. Ich frage mich, ob er dies unterlassen hat, um seine jüdische Frau nicht in Gefahr zu bringen, oder weil er, wie so viele deutsche Bürger, ein im Grunde unpolitischer Mensch war, der Politik als schmutziges Geschäft betrachtete, in das sich ein Vertreter der gebildeten »humanitas« nicht einmischen sollte. Arendt scheint mir deshalb weder logisch noch gerecht zu sein, wenn sie Judenräte wegen ihres mangelnden Widerstandes rügt, Jaspers jedoch lobt, der erst in der ungefährlichen und für moralische Appelle empfänglichen Nachkriegszeit sich in den Dienst der

Gertrud und Karl Jaspers, um 1965

»praktischen Vernunft« stellte und ein öffentliches Beispiel europäischen Denkens gab.

Beziehung zu Heidegger

Die Beziehung Arendts zu Heidegger war, wie gesagt, anderer Art. Sie war Heidegger zum erstenmal begegnet, als sie etwa 18 Jahre alt war. Der bis dahin offenbar verschlossenen Studentin gab die Begegnung mit Heidegger den Anlaß zu einer leidenschaftlichen Öffnung für vieles, was in ihrem zukünftigen Leben eine bedeutende Rolle spielen sollte: für lebendiges Philosophieren, für ihre Würdigung der deutschen sprache und für eine romantische Zuneigung demjenigen gegenüber, der ihr diese Gaben überbrachte. Für Heidegger, der seinerseits durch Hannah Arendt fasziniert war, soll sie nach seinen eigenen Angaben die entscheidende Inspiration für sein philosophisches Werk, vor allem für *Sein und Zeit* (1927) und *Kant und das Problem der Metaphysik* (1929), gewesen sein. Da Heidegger nicht nur, wie Arendt später meinte, der letzte Romantiker, sondern auch den bürgerlichen Sittenzwängen unterworfen war, kam es für ihn nicht in Frage, wie Arendt wohl gewünscht hätte, Frau und Kinder zu verlassen und Arendt zu heiraten. Heideggers Entscheidung soll Arendt zutiefst verletzt haben, zumal sie selbst unfähig war, ihre leidenschaftliche Zuneigung zu Heidegger aufzugeben. Daß sie damals ihre eigene Situation mit der Rahel Varnhagens verglich, war eine verständliche Reaktion, die jedoch keiner wirklichen Analogie der Verhältnisse entsprach. Denn Arendt wurde nicht als Jüdin zurückgewiesen und als Paria ihrer gesellschaftlichen und politischen Rechte beraubt; in ihrem Fall handelt es sich vielmehr darum, daß ein Mann ihre leidenschaftliche Zuneigung zwar insgeheim – in Briefen, in Gedichten und bei gelegentlichen Begegnungen – erwiderte, aber ihr nicht die offizielle bürgerliche Anerkennung als Ehefrau geben konnte.

Während Rahel am Anfang der Geschichte der Assimilation stand und sich in ihrem Salon keineswegs zu Hause fühlte, so daß sie die politischen Entwicklungen, die ihm ein Ende bereiteten, fast ohne Überraschung hinnahm, war Arendt in den letzten Stadien der Assimilation so sehr im geistigen Milieu des damaligen Deutschlands zu Hause, daß sie politische Ereignisse, die diesem Geist widersprachen, zuerst nur zögernd zur Kenntnis nahm; ja, daß sie später geneigt war, diejenigen, die die deutsche Sprache, Dichtung und Philosophie dem Wahn der Stunde geopfert hatten, gerade um der deutschen Sprache, Dichtung und Philosophie willen eher schonend zu behandeln.

Arendt hatte schon vor der nationalsozialistischen Machtübernahme erkannt, daß Heideggers Frau Antisemitin war. Nach Heideggers Bekehrung zum Nationalsozialismus glaubte Arendt in dessen Vorliebe für eine vorindustrielle, im Gegensatz zur modernen Zivilisation stehende germanisch-bäuerliche Kultur eine Erklärung für sein Verhalten zu sehen. Jedenfalls schrieb Arendt, als sie Heidegger nach der durch Nationalsozialismus und Krieg erzwungenen Pause von 17 Jahren wiedersah, daß sie »durch ihn wie immer die deutsche Sprache in ihrer ganzen eigenartigen Schönheit empfing«. Was er ihr bot, war, wie sie sagte, »wirkliche Dichtung«[178]. Daß Arendt Jüdin war, daß sie sich intensiv mit den Ursprüngen und Grundelementen totaler Herrschaft beschäftigt hatte, mußte naturgemäß dazu führen, daß sich in ihrem späteren Leben zu Momenten romantischer Zuneigung auch solche der Kritik an Heidegger gesellten, ja daß sich beides gelegentlich mischte. Ansätze kritischer Auseinandersetzungen finden wir schon 1946 in einem in englischer Sprache erschienenen Essay »Was ist Existenzphilosophie?«[179]. Eine indirekte Kritik Heideggers mag man in der 1958 gehaltenen *Laudatio*[180] auf Jaspers sowie in der 1960 unter dem Titel *Vita activa oder Vom tätigen Leben* veröffentlichten deutschen Übersetzung von Arendts *The Human Condition* sehen. öine deutlichere Auseinandersetzung mit Heideggers politischer Vergangenheit findet sich in einer längeren Fußnote zu Arendts ursprünglichem Beitrag für die Festschrift zu Heideggers 80. Geburtstag, die 1969 in der Zeitschrift *Merkur*[181] erschien. Da der im Archiv zu Marbach liegende Briefwechsel zwischen Arendt und Heidegger noch nicht zugänglich ist, müssen wir uns auf Berichte über Arendts fortdauernde romantische Beziehung zu Heidegger, etwa in Young-Bruehls Biographie, verlassen. So hat Arendt angeblich bei ihrem ersten Besuch in Freiburg nach dem zweiten Weltkrieg Heidegger von ihrem Hotel aus ein handgeschriebenes, nicht unterzeichnetes Billett zukommen lassen, woraufhin dieser sie sofort aufsuchte. Arendt, die damals 43 Jahre alt war, verteidigte Freunden gegenüber ihr Verhalten mit einer Bemerkung über die Seltenheit großer Leidenschaften. Jedenfalls hat Arendts Mann ihre Berichte über »Martin« gelassen hingenommen, während Heideggers Frau Hannah Arendt gegenüber eifersüchtig, ja feindselig reagierte und bei späteren Besuchen Arendts im Hause Heideggers stets dafür sorgte, gleichfalls anwesend zu sein.

Mir scheint, daß das Verhalten Arendts gegenüber Heidegger sowie dessen eigene Haltung letzten Endes etwas mit der Ambiguität der deutschen Romantik zu tun haben. Schließt diese nicht zwei Formen von Transzendenz, von Überwindung des empirischen Ichs ein: die eine gleichsam nach oben, in eine Welt des Edlen und Schönen, die andere nach unten, im Sinne eines Rückfalls ins Magisch-Kollektive? Im ersten Fall findet sie ihr Medium in christlich-mittelalterlichen oder griechisch-ästhetischen Vorstellungen, im zweiten Fall im Völkisch-Heidnischen bis hin zum Kult von »Blut und Boden«. In bezug auf die Natur ist die romantische Haltung im einen Fall lyrisch, im anderen steht sie im Bann des Dämonischen (in Webers *Freischütz* ist beides gegenwärtig: hier Agathe, dort die Wolfsschlucht). Wo die Romantik nach der Macht greift und das Erträumte verwirklichen will, wird ihre Ambivalenz gefährlich; die politische Romantik kann dann leicht zum politischen Sündenfall werden. In concreto geschieht dies, sobald der Versuch unternommen wird, dem »Eigenen« universelle Gültigkeit zu verschaffen. Wenn aber das »Eigene« das Völkische ist, dann tritt an die Stelle der erstrebten Universalität das Totale, genauer: die totale Herrschaft im Dienste einer eindimensionalen Ideologie. Gleichzeitig tritt an die Stelle differenzierter Erfahrung die Undifferenziertheit des Gefühls – sowohl in der banalen Sentimentalität des Intellektuellen oder des einfachen Volkes als auch in der Tiefe der Selbsttäuschung des Genies. Dazu kommen die verschiedensten Formen von Ressentiment – vom metaphysischen Unrecht (im Welt-schmerz), das darin besteht, daß der Mensch, je edler er ist, um so mehr einem frühen und ungerechten Tod ausgesetzt ist, bis zur Dolchstoßlegende oder dem Selbstmitleid, das unweigerlich mit den Katastrophen der politischen Romantik verbunden ist.

Es ist klar, daß es die erstgenannte Form der Romantik war, die Arendt mit ihrem ganzen Wesen, indem sie die deutsche Sprache, Philosophie und Dichtung zu ihrer Heimat machte, be-jahte. Sie war es auch, die sie veranlaßte, Heidegger weiterhin zu verstehen und zu entschuldigen. Andererseits war es die zweite Form der Romantik, die sie dazu zwang, jenen Heidegger kri-tisch zu betrachten, den es – weit über seine ursprüngliche Vor-liebe für germanisches Bauerntum hinaus – in die Arme des (aka-demischen) Mobs getrieben hatte.

Freilich hatte Arendt nicht immer die Möglichkeit, sich genau über die Verhältnisse in Deutschland während der Nazizeit zu informieren, was dazu führte, daß sie sich im Urteil über Heideg-ger gelegentlich von subjektiven Elementen leiten ließ. Jedenfalls ist es eine Tatsache, daß Heidegger als Rektor der Universität Freiburg für den Nationalsozialismus eingetreten ist, von dem er sich zeit seines Lebens nie öffentlich distanzierte. In ihrem Auf-satz von 1946 kolportiert Arendt das Gerücht, Heidegger habe seinem jüdischen, wenn auch konvertierten Lehrer Edmund Husserl den Zutritt zur Universität verboten. 1969 spricht sie davon, daß zahllose Falschmeldungen über Heidegger nunmehr einigermaßen berichtigt worden seien [182]. Dies mag sich auf das hier erwähnte Gerücht beziehen. Mir selbst sind andere Falsch-meldungen nicht bekannt. Dagegen scheint Arendt nicht gewußt zu haben, daß Heidegger 1938 nicht zu Husserls Beerdigung ging. Husserls Witwe hat seine Erklärung, er sei durch eine Er-krankung verhindert gewesen, mit Entrüstung zurückgewie-sen [183].

Zu Arendts Versuchen, Heidegger mildernde Umstände zuzu-billigen, gehören Bemerkungen über die Selbsttäuschung des Genies, aber auch über das damalige niedrige Niveau an deut-schen Universitäten und die damit verbundene kritiklose Be-wunderung Heideggers von seiten seiner Studenten. Auch Heideggers häusliche Verhältnisse sollen eine Rolle gespielt haben. Arendt spricht von dem eigentlichen Heidegger, dem angeblich weltfremden Philosophen, dem nicht zuzumuten ist, daß er sich in die konkrete Welt des menschlichen Alltags begibt. Eine solche Bemerkung widerspricht allerdings Arendts Grundeinstellung, die, sieht man von ihrem letzten, unvollendeten Buch *Vom Leben des Geistes*[184] ab, sich stets für den Primat der Politik über die Philosophie eingesetzt hat. Diese Haltung geht wohl auf ihre Überzeugung zurück, daß die griechische Polis Schaden genommen hätte, weil sich einige Philosophen aus der politischen Verantwortung zurückgezogen hatten. Gleichzeitig entschuldigt sie jedoch Heidegger mit dem Hinweis auf Platon, der mit Hilfe des Tyrannen von Syrakus seine Vorstellungen vom idealen Staat in die politische Praxis umzusetzen versuchte. Er, Heidegger, habe der Versuchung nachgegeben, »seinen ›Wohnsitz‹ zu ändern und sich in die Welt der menschlichen Angelegenheiten ›einzuschalten‹ – wie man damals so sagte«[185]. Der Vergleich Heideggers mit Plato hinkt allerdings in zweifacher Hinsicht. Erstens hatte Plato eine politische Konzeption, was man von Heidegger nicht sagen kann, zweitens vertraute er diese Konzeption einem Herrscher zur Verwirklichung an, anstatt sich, wie alle anderen von Arendt verachteten Intellektuellen, aus Charakterschwäche dem herrschenden Mob anzubiedern. Arendts Vergleich wird nicht plausibler, wenn sie die Bemerkung hinzufügt, »was die Welt betrifft, so ist es ihm [Heidegger] noch um einiges schlechter bekommen als Plato, weil der Tyrann und sein Opfer sich nicht jenseits der Meere, sondern im eigenen Lande befanden«[186]. Arendt treibt hier ein billiges Spiel mit dem Wort Tyrann. Der Tyrann von Syrakus war ein autokratischer Herrscher, von dem Plato jedoch mit einigem Recht erhoffen konnte, daß er rationalen politischen Argumenten zugänglich war, auch wenn sich dies bald als falsch erweisen sollte. Im Falle Heideggers war der Tyrann der Mob, der, einschließlich seiner Führer, schon seiner Definition nach vernünftigen Argumenten nicht zugänglich war. Auch hatte Heidegger im eigenen Land in keiner Weise unter dem Tyrannen, also dem Mob oder dessen Führern, zu leiden. Im Gegenteil: Es war eine freiwillige Entscheidung, die ihn aus

Martin Heidegger (1889–1976), um 1965

professoraler Eitelkeit und aus falscher Romantik dazu brachte, zum (akademischen) Mob hinabzusteigen und sich mit einem Kollektiv zu identifizieren, das nichts anderes war als der kleinste gemeinsame Nenner einer aufgeputschten Menge. Er mag, wie viele »geistige« Menschen im damaligen Deutschland, geglaubt haben, das Beste beider Welten gewinnen zu können, nämlich gleichzeitig der geistigen (sprich: der geistig verstiegenen) Elite und dem (zum Mob verkommenen) Volk anzugehören. Diese Identifizierung mit dem Mob war im Grunde ein unpolitischer Akt, denn der Mob war selbst das Produkt eines Prozesses, der die Politik als freies Spiel der Vernunft in der Regelung öffentlicher Angelegenheiten zerstört hatte. Dazu kommt, daß Heideggers Aussagen, gerade wo sie als dichterische Interpretation oder philosophierende Dichtung erscheinen, keineswegs ethisch-politisch verbindlich sind. Arendt selbst hätte sie konsequenterweise als reines »Denken« im Gegensatz zu »Wollen« beziehungsweise als sprachliche Magie und somit als politisch wertlos bezeichnen müssen.

Arendts Tendenz, gegenüber Heideggers »Eskapade, die man heute – nachdem die Erbitterung sich beruhigt hat [...] – zumeist als den ›Irrtum‹ bezeichnet«[187], Milde walten zu lassen, verflüchtigt sich meistens nur dann, wenn sich die Gelegenheit bietet, einen Vergleich mit Jaspers' Haltung zu ziehen. Indem sie Jaspers als Beispiel von Verantwortungsbewußtsein gegenüber der Öffentlichkeit zitiert, macht sie auf Heidegger, den Egozentriker, aufmerksam, der in *Sein und Zeit* aus dem Menschen das machen will, was in der früheren Ontologie Gott war. Als Arendt 1958 ihre Laudatio auf Jaspers hielt, dem der Friedenspreis des Deutschen Buchhandels zugesprochen worden war, war sie sich der Gefahr bewußt, daß ihr Lob der in der Öffentlichkeit wirkenden, moralischen Persönlichkeit Jaspers' von Heidegger als Kritik seines »unpolitischen« Philosophierens interpretiert werden könnte. In der Tat scheint Heidegger ihre Ausführungen so verstanden zu haben. Jedenfalls sollen Heidegger und seine Freunde erbost auf das Erscheinen von Arendts *Vita activa* reagiert haben. Arendt wiederum interpretierte diese Reaktion auf höchst persönliche Weise. Sie dachte, Heidegger hätte sie bisher nur romantisch als Frau verehrt, ohne sie als Philosophin ernst genommen oder gar als ebenbürtig betrachtet zu haben. Erst die Lektüre von *Vita activa* hätte ihn, ihrer Meinung nach, eines Besseren belehrt und damit seine männliche Eitelkeit verletzt.

Es dauerte einige Jahre, bis durch die Vermittlung des amerikanischen Philosophen Jesse Glenn Gray eine Wiederannäherung zwischen Heidegger und Arendt zustande kam. Gray, den Arendt 1962 kennenlernte, hatte 1965 die amerikanische Herausgabe der Werke Heideggers unter der Bedingung übernommen, daß Arendt ihm dabei mit Rat und Tat zur Seite stände. Er hatte das Jahr 1967 in Freiburg verbracht und dort für Arendt eine Gastvorlesung arrangiert mit dem Erfolg, daß Arendt sich im folgenden Jahr bereit erklärte, einen Beitrag für die Festschrift zu Heideggers 80. Geburtstag zu schreiben. Dieser Beitrag befaßt sich weder mit Heideggers Charakter noch mit seinem Verhältnis zum Nationalsozialismus. Eine Reihe diesbezüglicher Bemerkungen findet sich jedoch in der schon erwähnten Fußnote. So führt Arendt als mildernden Umstand für Heideggers politischen Sündenfall die Weimarer Republik an, die, wie sie sagt, den in ihr Lebenden keineswegs in dem rosigen Licht erschien, »in dem sie heute gegen den furchtbaren Hintergrund dessen, was auf sie folgte, gesehen wird«. Noch unverständlicher ist Arendts Versuch, den »Inhalt des Irrtums« Heideggers von dem zu unterscheiden, »was an ›Irrtümern‹ damals gang und gäbe war. Wer außer Heidegger«, fragt sie, »ist schon auf die Idee gekommen, in dem Nationalsozialismus ›die Begegnung der planetarisch bestimmten Technik und des neuzeitlichen Menschen‹ zu sehen?«[188] Selbst wenn eine solche Idee geeignet wäre, zur Erklärung des Nationalsozialismus beizutragen, könnte sie keine Entschuldigung für das Verhalten Heideggers sein. Ebenso irreführend und irrelevant ist es, Heideggers »Irrtum« als unerheblich zu bezeichnen »gegenüber dem viel entscheidenderen Irren, das darin bestand, der Wirklichkeit in den Gestapo-Kellern und den Folterhöllen der Konzentrationslager, die unmittelbar nach dem Reichstagsbrand entstanden, in angeblich bedeutendere Regionen auszuweichen«. Mir ist nicht bekannt, ob Heidegger sich der Wirklichkeit des Nazialltags bewußt war. »In angeblich bedeutendere Regionen« ist er wohl deshalb nicht ausgewichen, weil er seit eh und je in jenen Regionen lebte. Faktisch falsch ist die Bemerkung, Heidegger habe »diesen Irrtum [...] nach kurzer Zeit eingesehen und dann erheblich mehr riskiert, als damals an den deutschen Universitäten üblich war«. Meines Wissens ist Heidegger während der nationalsozialistischen Herrschaft keinerlei Risiken eingegangen. Deshalb ist auch die folgende Feststellung Arendts falsch: »Aber das Gleiche kann man nicht von den zahllosen Intellektuellen und sogenannten Wissenschaftlern behaupten, die nicht nur in Deutschland es immer noch vorziehen, statt von Hitler, Auschwitz, Völkermord und dem ›Ausmerzen‹ als permanenter Entvölkerungspolitik zu sprechen, sich je nach Einfall und Geschmack an Platon, Luther, Hegel, Nietzsche oder auch an Heidegger, Jünger oder Stefan George zu halten, um das furchtbare Phänomen aus der Gosse geisteswissenschaftlich und ideengeschichtlich aufzufrisieren.«[189]

Verhältnis zu Brecht

War der Konflikt von Dichtung oder Philosophie und politischer Praxis in Heideggers Person und Werk für Arendt schon deshalb ein unlösbares Problem, weil sich in ihr selbst romantischer Drang und die aus dem eigenen Schicksal erwachsene politische Verpflichtung oft unversöhnt gegenüberstanden, so bot die Beschäftigung mit Brecht eine Gelegenheit für eine distanziertere Auseinandersetzung.

Arendt hatte erkannt, daß es für den nationalsozialistischen Terror keinen wirklichen Präzedenzfall gibt, der zu seiner Erklärung beitragen könnte. Im Falle des Stalinismus, den Brecht eine Zeitlang bejahte, war die Situation anders. Man muß unterscheiden zwischen dem Denken von Marx, das in einer langen Tradition der politischen Philosophie steht, und dem Stalinismus, der einen unerklärlichen Bruch mit dieser Tradition darstellt. Allerdings scheint Arendt mit diesem Widerspruch nicht fertig geworden zu sein. Sie hat sich zwar in den Jahren 1952 bis 1956 intensiv mit Marx beschäftigt; ein geplantes Buch über die totalitären Elemente im Marxismus hat sie jedoch nie geschrieben. Einige Gedanken, die in das Marx-Buch hätten eingehen sollen, finden sich in *Vita activa*, in *Über die Revolution* und in Vorträgen (zum Beispiel in »Karl Marx und die große Tradition«), die sich mit Phänomenen wie »labor«, »work« und »action« beschäftigen.

War Heidegger der Romantiker, der die deutsche Sprache wie ein Magier benutzte, so sah Arendt in Brecht den Erzähler, der sich mit der Geschichte, die er vorträgt, und mit ihrer Moral identifiziert und gegebenenfalls an ihr leidet. In diesem Zusammenhang unterscheidet sie drei Typen von Geschichten: diejenigen, die ursprünglich dem Stammesleben angehören und sich heute in Märchen widerspiegeln; Geschichten, die zur Entstehung der frühen Geschichtsschreibung führen; und endlich jene Geschichten, die der Schriftsteller oder Dichter als Instrumente sozialer Kritik entwirft. Arendt hat zeit ihres Lebens Menschen verehrt, die Geschichten erzählen konnten, vor allem ihren Mann, der überzeugt war, daß Geschichten ein brauchbares Mittel sind, um Sinn in eine ansonsten chaotische Welt zu bringen. Arendt erklärt uns allerdings nicht, was eigentlich die Erzählung eines Vorgangs zu einer »Geschichte«, zu einem sinnvollen Ganzen, macht. Mag sein, daß es in einer Stammesgesellschaft der soziale Zusammenhalt selbst ist, der in einer Geschichte als harmonisches Ganzes zum Ausdruck kommt und daß dies auch auf Arendts eigenen Clan Gleichgesinnter zutrifft. Jedenfalls sagt sie in bezug auf die Geschichte vom Gefreiten Anton Schmidt, die im Gerichtssaal zu Jerusalem ein etwa zwei Minuten langes Schweigen hervorrief, daß es hierzu »einer Reinheit der Seele, einer ungespiegelten und unreflektierten Unschuld des Herzens und Geistes bedarf, die nur die Gerechten besitzen«[190]. Es handelt sich also nicht nur bei dem Helden dieser Geschichten um eine naive oder selbstverständliche Reinheit des Herzens, sondern auch bei dem Erzähler um einen unreflektierten Glauben an das Gute, der in etwa dem eines Kindes entspricht, das einem Märchen lauscht.

Bei der Geschichtsschreibung tritt an die Stelle der für eine erzählte Geschichte charakteristischen Geschlossenheit die Un-

parteilichkeit dessen, der, wie Homer, sowohl die Taten der Griechen als auch die der Barbaren, der Sieger wie der Besiegten,
besingt. Aus diesem Geist der Unparteilichkeit, meint Arendt,
»kommt die ganze Wissenschaft, auch noch die moderne, auch
die Geschichtswissenschaft«[191]. Die Sachlichkeit des Wissen-
schaftlers, die Objektivität des Historikers spiegeln demnach
also die Gerechtigkeit jener Dichter wider, die als erste Geschichte erzählt oder geschrieben haben. Allerdings sagt uns
Arendt nicht, ob dies auch für die Darstellung neuester, wie sie
glaubt, allen Sinnes entleerter Geschichte gilt, wo es eher um
reine Fakten in einer von Prozessen und Verhaltensweisen bestimmten Welt als um eine Theodizee im Sinne homerischer oder
biblischer Traditionen geht. Jedenfalls bezeichnet sie *Eichmann in
Jerusalem* nicht als ein Kapitel zeitgenössischer Historiographie,
sondern einfach als einen »Bericht«.

Stellt der unpolitische Dichter die unauflösbare Verknüpfung
unreduzierbarer Elemente menschlichen Daseins dar, die nur
durch die Bildhaftigkeit der Dichtung sinnvoll und somit erträg-
lich wird, so sieht der sozialkritische Dichter seine Aufgabe
darin, soziale und politische Konflikte um einer erst zu schaffen-
den Gerechtigkeit willen aufzudecken. Arendt ist davon überzeugt, daß Brecht das getan hatte, »was Dichter zu tun pflegen,
wenn man sie in Ruhe läßt – er hatte die Wahrheit gesagt«[192].
Allerdings erklärt sie nicht, wer es sein könnte, der den Dichter in
Ruhe läßt oder seiner Ruhe beraubt. Jedenfalls war Brecht ein
Dichter, der es in erster Linie auf die Aufdeckung lösbarer sozialer statt unlösbarer existentieller Konflikte abgesehen hatte und
die Welt in einer Weise verwandeln wollte, wie es Arendt schon
zur Zeit ihres Buches über Rahel Varnhagen vom Paria verlangt
hatte, nämlich durch die Verwirklichung der Menschenrechte.

Arendt, die Brecht in Paris kennengelernt hatte, bereitete 1961
ein Seminar über Brecht vor, dessen Grundideen sie in der Zeitschrift *The New Yorker* und kurz darauf im *Merkur* darlegte. Danach hat Brecht gleichzeitig drei Dinge getan. Zum ersten habe
er sich der aufklärerischen Ideen derer bedient, die er die »Klassiker« – nämlich des Marxismus – nannte. Die »Klassiker« wollten sich angeblich der eigenen Güte oder des Gutseins entledi-

Bertolt Brecht (1898–1956), um 1955/56

gen, um fähig zu sein, eine politisch schlechte Welt gut zu machen. Nach Arendt hat auch Brecht »kaum etwas anderes so sehr
zu verbergen getrachtet als die Leidenschaft, an der er am meisten litt, die Leidenschaft des Mitleids«[193]. Sie meint, der dramatische Konflikt in Brechts Stücken sei fast immer der gleiche:
»[...] diejenigen, die von Mitleid getrieben darangehen, die Welt
zu verbessern, können es sich nicht leisten, gut zu sein.« Man
kann dieses Mitleid nur loswerden, wenn man sich in die Leidenden versetzt, nicht um mit ihnen zu leiden, sondern um ihre Leiden zu beenden[194]. Auf Arendt selbst angewandt, könnte dies
bedeuten, daß es für sie zeitweise notwendig war, das Mitleid für
die Opfer des Nationalsozialismus zu unterdrücken, um die
ganze Wahrheit über den Totalitarismus aufzudecken. Bei
Arendt führte der Versuch, den gordischen Knoten zu zerhauen,
die Eigentlichkeit des Menschen, nämlich die unauflösliche Bindung von Sensibilität und politischer Verantwortung, zu lösen,
zu einer gelegentlich spröden, ja wirklichkeitsfremden Intellektualität, die sie in den Augen ihrer deutsch-jüdischen Freunde als
takt- und herzlos erscheinen ließ. Brecht dagegen ging es darum,
im Interesse politischer Verantwortung auf die Sensibilität des
Dichters zu verzichten und als ideologischer Propagandist aufzutreten.

Arendt beschuldigte Brecht zu Recht der ideologischen Lüge,
wenn er in *Furcht und Elend des Dritten Reiches* den »Klassikern« des
Marxismus und deren Lehre vom Klassenkampf folgt. Denn es
gab, wie Arendt vermerkt, »in Hitlers Deutschland weder Hunger noch Arbeitslosigkeit [...]. Aus diesem Dilemma gab es [deshalb nur] einen Ausweg, nämlich so zu tun, als gäbe es Hunger
und Arbeitslosigkeit, als ginge es gegen das Proletariat und nicht,
oder doch nicht eigentlich gegen die Juden.«[195] Andererseits
blieb Brecht seiner dichterischen und politischen Verantwortung
treu, wenn er versuchte, die Unsichtbarkeit der Armut und des
Leidens ans Licht zu bringen. Arendt meint, daß die von Brecht
dazu verwendete Balladenform »von jeher den unmittelbarsten
Kontakt mit dem prä-literarischen [...] Schatz der Volkspoesie
gewahrt« hat und »die Form [ist], in der das Volk der Unsichtbarkeit und dem Vergessenwerden zu entrinnen trachtet«[196].

Eine dritte Aufgabe habe Brecht darin gesehen, die großen Verbrecher der zeitgenössischen Politik, also die nationalsozialistischen Führer, dem Gelächter preiszugeben. Denn daß ein politischer Verbrecher wie Hitler »Großes« anrichtet, das heißt Massen von Menschen ins Unheil stürzt, macht ihn keineswegs wirklich groß; seine »Größe« kommt nach Brecht lediglich daher, daß die herrschenden Klassen einem kleinen Schwindler und Verbrecher erlauben, ein großer zu werden. Dieser Aussage Brechts entsprechen die sonst unverständlichen Zeilen Arendts, daß sie bei der Lektüre von Eichmanns Vernehmungsprotokoll immer wieder laut auflachen mußte[197].

Heidegger war in der der politischen Romantik eigenen Verblendung aus der Sphäre der Philosophie in das Reich der Politik hinabgestiegen und hatte sich unter den nationalsozialistischen Mob gemischt, der nur wenige Jahre später zum Instrument des Terrors wurde; auf der anderen Seite führten Brechts Versuche, Dichtung in den Dienst sozialer Gerechtigkeit zu stellen, zu einer, wenn auch nur vorübergehenden, Verkennung des stalinistischen Terrors. Brecht hat, wie Arendt glaubt, sicher gewußt, was unter Stalin vorging, aber dies in der Hoffnung auf die Revolution zu entschuldigen oder zu verdrängen versucht. Arendt hat sich bei ihrem Unternehmen, mildernde Umstände für die ideologischen Entgleisungen Brechts zu finden, ebenso wie im Fall Heideggers in peinliche Widersprüche verwickelt. Sie meint in etwas schnoddriger Weise, daß es »eben in der Politik mit Dichtern immer Unannehmlichkeiten«[198] gibt. Dann heißt es einerseits, daß Brecht »die dem Dichter eigentümliche Aura der Ferne nicht [habe] ablegen können und sich in der Wirklichkeit des eigentlich Politischen nie ganz ausgekannt«[199] habe, andererseits, »daß er nun, in Ostdeutschland angekommen, die poetische Distanz verlor«[200]. Etwas hilflos schreibt Arendt, daß es »nicht Feigheit [war], wenn er nicht mit einer Partei brach, die seine Freunde ermordete und sich mit seinem Feind verbündete, und [...] gewiß nicht Dummheit, wenn er sich darauf versteifte, nicht verstehen zu wollen, was in seinem eigenen Lande wirklich geschah«[201]. Sie widerspricht sich vollends, wenn sie meint, daß seine Sünden »ihn lange Zeit nicht daran gehindert haben, schöne Gedichte zu schreiben«[202], gleichzeitig aber auch die These aufstellt, »daß die wirklichen Sünden der Dichter von den Göttern der Dichtkunst gerächt werden«[203]. Dies erklärt »die durchweg schlechten Gedichte, die Brecht in der Anfangszeit der Hitler-Diktatur schrieb«, wofür »Das Begräbnis des Hetzers im Zinksarg« typisch ist[204], aber auch sein dichterisches Versagen, »als er nach Ostberlin ging, weil er dort sein eigenes Theater haben konnte – also jenem l'art pour l'art zuliebe, mit dem er dreißig Jahre auf erbittertem Kriegsfuß gestanden hatte«[205]. Diese Widersprüche lassen sich nicht durch den allgemeinen Appell beseitigen, »daß wir den Dichtern einen weiteren Verhaltensspielraum zugestehen müssen als wir einander gewähren«[206] oder »daß Pound sich erheblich schlechter benommen hat«[207]. Man kann hier eher Brechts eigenes Plädoyer akzeptieren:

> »Ihr, die ihr auftauchen werdet aus der Flut
> In der wir untergegangen sind
> Gedenkt
> Wenn ihr von unsern Schwächen sprecht
> Auch der finsteren Zeit
> Der ihr entronnen seid.«[208]

In anderen Worten: Wenn ihr Nachkommen über uns urteilt, vergeßt nicht, daß ihr das Glück hattet, nicht in solche Situationen verwickelt gewesen zu sein, wie wir es waren!

Abschied vom Paria

Während der 34 Jahre ihres Emigrantendaseins in Amerika fühlte sich Arendt gelegentlich als Paria, jedoch nur in einem recht oberflächlichen gesellschaftlichen Sinn, so etwa, als sie sich während einer Gastprofessur an der University of California in Berkeley gegenüber anderen Mitgliedern der Fakultät als Außenseiter vorkam. Einen »existentiellen« Paria, der dem jüdischen Paria der bürgerlichen Epoche in Deutschland entsprochen hätte, erlebte sie in Amerika nicht. Dafür gibt es eine Reihe historischer Gründe. Die frühen Puritaner betrachteten die Neue Welt als Boden für ein neues Jerusalem, das es zu errichten galt. Viele von ihnen sahen sich, nicht anders, als es die Juden jahrhundertelang getan hatten, als »beacon on the hill«, als Beispiel für die Welt. In Amerika existiert ferner anstatt des konkurrierenden Nebeneinanders von Judentum und Christentum ein Bewußtsein von Kontinuität, das im Wort »jüdisch-christliche Zivilisation« seinen Ausdruck findet. Dazu kommt, daß Amerika innerhalb seines besonderen politisch-religiösen Rahmens einen weitgehenden Pluralismus von religiösen und ethnischen Gruppen zuläßt. Fast jede dieser Gruppen wurde zu irgendeiner Zeit als Minderheit diskriminiert, das heißt von anderen, dominanten Gruppen als sozialer, wirtschaftlicher oder kultureller Paria angesehen. Endlich muß man bedenken, daß Arendts These von der Trennung, des ökonomischen Bereichs der Notwendigkeit und des Bereichs freier politischer Betätigung auf Amerika kaum anwendbar ist. Jeder Einwanderer ist, unabhängig von seinem ursprünglichen Status, aufgerufen, sich in der Mischwelt von politischen, wirtschaftlichen und geistigen Elementen zu bewähren und auszuzeichnen. Es gibt also, im Arendtschen Wortsinn, in Amerika weder Parias noch Parvenüs, sondern nur Menschen, die mit größerem oder geringerem Erfolg versuchen, ihr Glück zu machen.

Die neuen Parias

Und doch leben in Amerika wie in der übrigen Welt Menschen, die man vielleicht auch aus Arendts Sicht als neue Parias, als Parias des Massenzeitalters bezeichnen könnte. Es handelt sich dabei einerseits um rassische Parias, andererseits um Menschen, die, ihrer Staatsangehörigkeit de jure oder de facto beraubt, der grundlegenden Menschenrechte verlorengegangen sind. Die neuen Parias außerhalb Nordamerikas leben entweder als Dissidenten in autoritär oder totalitär regierten Ländern, wo sie in psychiatrische Kliniken oder Lager eingeliefert werden, der Folter oder Todesschwadronen zum Opfer fallen oder aus ihrer Heimat ausgewiesen werden. Zu den neuen Parias gehören ferner die Millionen Flüchtlinge der Kriege und Bürgerkriege und die Hungernden in allen Ländern der dritten Welt. Es gab einmal Zeiten und Kulturen, in denen der Fremde als geheiligter Gast, als Repräsentant einer als mysteriös empfundenen höheren Menschheitsstufe, wenn nicht gar als verkleidete Gottheit empfangen wurde. »Komm, Herr Jesus, sei unser Gast!« heißt es noch heute in einem christlichen Tischgebet, und beim jüdischen Seder oder Ostermahl wird ein Stuhl freigelassen für den erwarteten Propheten Elia. Arendt schreibt in diesem Zusammenhang, daß das Asylrecht seit den frühesten Anfängen politischer Organisation als heilig galt[209]. Andererseits betont sie immer wieder, daß es faktisch keine Menschenrechte gibt, wo sie nicht durch Staatsbürgerschaft garantiert werden. Wer seine Staatsbürgerschaft verliert, ist deshalb praktisch aus der Menschheit ausgestoßen. Der Staatenlose stellt heute eine Anomalie dar, für die das Gesetz nicht vorgesorgt hat; er kann sich, wie sie meint, absurderweise »nur dadurch normalisieren, daß er den Verstoß gegen die Norm begeht, die im Gesetz vorgesehen ist, nämlich das

Verbrechen«[210]. Arendt hatte gehofft, daß in der Folge der Nürnberger Prozesse weltweit gültige, von allen Nationen garantierte Gesetze erlassen und entsprechende Organe zu ihrer Durchsetzung geschaffen würden, so daß es keinen Platz mehr auf der Erde geben könne, an dem die Menschenrechte nicht wirksam wären. Der Entzug der Staatsbürgerschaft sollte als Verbrechen gegen die Menschheit geahndet werden. Den Gründern der Vereinten Nationen waren solche Gedanken nicht fremd; in die Praxis wurden sie jedoch nur selten umgesetzt. Die Hungernden sind zwar nicht de jure, aber doch de facto des fundamentalsten Menschenrechts, nämlich des Rechts auf Leben, beraubt. Was immer die Ursachen für eine Hungersnot sein mögen – Naturkatastrophen, menschliche Gier oder das Versagen der Verwaltung eines Landes –, die Betroffenen sind um die normalen Überlebenschancen, die ein Bürger in einem geordneten Gemeinwesen hat, gebracht.

Gegenüber dem sozialen oder rassischen Paria in Amerika zeigt Arendt ein hohes Maß von Unverständnis. Einer der Gründe dafür ist, daß sie an Begriffen, die sie einmal entwickelt hat, meist im Zusammenhang mit Idealvorstellungen von der griechischen Polis oder den Gründerjahren der amerikanischen Republik, starr festhält; ein anderer liegt in der oft vollständigen Vernachlässigung empirischer Daten. Gegenüber dem rassischen Paria in Amerika spricht sie von einem Recht auf Diskriminierung, das sie von ihren Vorstellungen von der griechischen Polis, von Gründung, Gesellschaftsvertrag und Revolution ableitet. In Griechenland bezog sich Gründung auf den Akt der Errichtung einer politischen Gemeinschaft ab ovo. Im Europa des 18. und 19. Jahrhunderts bedeutete Gründung die Errichtung einer Republik durch eine Revolution, die eine auf Tradition oder göttlicher Sanktion beruhende Regierungsform ablöste. In Amerika bezieht sich das Wort Gründung auf lokale, überschaubare Gemeinschaften sowie auf die Union der Bundesstaaten durch einen Gesellschaftsvertrag, der, da es gleichzeitig um die Loslösung der vereinigten früheren Kolonien vom englischen Mutterland ging, auch als revolutionärer Akt bezeichnet werden kann. Für die lokalen Gemeinschaften sind die frühen Siedlungen an der Nordostküste der Vereinigten Staaten mit ihren »town meetings« charakteristisch, an deren Beschlußfassung alle Einwohner teilnehmen. Sie gehören zu jenen »Inseln« von Verbindlichkeit und Vorsehbarkeit in einer sonst unsicheren Zukunft, für die Verträge auf Gegenseitigkeit ein Beispiel sind und in denen Arendt die höchste Form politischer Aktion sieht[211]. Die Gründung der Vereinigten Staaten selbst schließt die Konstituierung einer Verfassung ein, was deshalb wichtig ist, weil, wie gesagt, Menschenrechte nicht als solche, sondern nur als verfassungsmäßig garantierte Bürgerrechte durchgesetzt werden können.

Entsprechend der Unterscheidung zwischen dem Raum der Freiheit und dem Raum der Notwendigkeit, wie Arendt sie in der Struktur der griechischen Polis sieht, unterscheidet sie zwischen echten Revolutionen, deren Ziel die Etablierung der Freiheit ist, und solchen, in deren Verlauf Notwendigkeit an die Stelle von Freiheit tritt. Erst im Verlauf der Französischen Revolution, schreibt sie, ließ »die drängende Not des Volkes [...] den Terror los und vernichtete die Revolution [...] von nun an spricht niemand oder doch so gut wie niemand mehr davon, daß das Ziel der Revolution die Freiheit sei; ihr Ziel ist von jetzt an das Wohlbefinden, *le bonheur du peuple*«[212]. Ich nehme an, daß Arendt die amerikanische Revolution als eine echte ansieht, durch die Freiheit und Gleichheit etabliert werden. Sie erkennt jedoch an, daß in Amerika Politik und Wirtschaft nicht voneinander zu trennen sind, daß das Gesellschaftliche vorherrscht, also das, was eine Art von »Haushaltsraum« darstellt, aber einen so weiten, daß er ganze Nationen umfaßt[213]. Nun schränkt Arendt bekanntlich den Geltungsbereich von Freiheit und Gleichheit ein, indem sie bezweifelt, daß diese Prinzipien ohne weiteres auf den ökonomischen Bereich anwendbar sind, denn der Mensch ist nur frei, »weil und insofern er nicht nur ein Lebewesen, sondern auch ein politisches Wesen ist. Freiheit und Gleichheit beginnen also erst, wo die Lebensinteressen ihre Grenze haben und ihnen Genüge getan ist – außerhalb des Haushaltes und der Sklavenwirtschaft in antiken Verhältnissen, jenseits der Berufe und der Sorge um den Lebensunterhalt in unserer Zeit.«[214]

»Little Rock«

Arendt kommt zu recht bedenklichen Schlüssen, wenn sie bei ihren Aussagen über den nationalen Haushaltsraum oder die Gesellschaft vergißt, zwischen Gesellschaft im allgemeinen und im engeren Sinn zu unterscheiden. Dies geschieht in besonders gravierender Weise in ihrem Aufsatz »Little Rock«[215], in dem sie den aus dem Bereich der Geselligkeit stammenden Satz »like attracts like« (etwa »gleich und gleich gesellt sich gern«) auf die allgemeine gesellschaftliche Situation anwendet. Little Rock, die Hauptstadt des Bundesstaates Arkansas, war 1957 ein Zentrum des Kampfes um die Gleichberechtigung der schwarzen Bürger Amerikas. Dort hatten die Eltern von neun schwarzen Kindern durch Gerichtsentscheid die Anwendung eines Grundsatzurteils des Obersten Gerichtshofs der Vereinigten Staaten gegen die Rassensegregation erzwungen. Als jedoch die Kinder die Schule betreten wollten, wurde ihnen dies von einem weißen Mob sowie von der Miliz des Staates Arkansas verwehrt. Präsident Eisenhower machte daraufhin von seinem Recht Gebrauch, die Staatsmiliz dem Bundesheer mit dem Auftrag zu unterstellen, den schwarzen Kindern das Betreten der Schule zu ermöglichen.

Arendt lehnt das Eingreifen des Staates, sowohl was die Sanktion der bestehenden Diskriminierung als auch deren Aufhebung betrifft, mit der Begründung ab, daß es sich bei beiden nicht um politische, sondern um gesellschaftliche Entscheidungen handelt. Da sie es unterläßt, den privaten gesellschaftlichen Raum, den Raum der Geselligkeit, vom allgemeinen, öffentlichen Raum der Gesellschaft zu unterscheiden, erscheint ihr plausibel, daß Menschen aufgrund ihrer unterschiedlichen Gruppenzugehörigkeit um ihrer Identifizierbarkeit willen das Recht besitzen, andere Gruppen im gleichen Lebensbereich zu diskriminieren. So schließen sich in der amerikanischen Gesellschaft Menschen angeblich aus beruflichen, Einkommens- oder Abstammungsgründen zusammen und diskriminieren konkurrierende Gruppierungen, während in Europa Klassenzugehörigkeit, Bildung und Umgangsformen die entscheidenden Faktoren in diesem Prozeß sind. Wie dem auch sei, »ohne irgendeine Diskriminierung würde eine Gesellschaft einfach aufhören zu existieren, und sehr wichtige Möglichkeiten der freien Vereinigung und des Zusammenschlusses von Gruppen würden verschwinden [...] Diskriminieren ist ein ebenso unabdingbares gesellschaftliches Recht, wie Gleichheit ein politisches Recht ist.«[216] Arendt erklärt hier für die Gesellschaft im weiteren Sinn des Wortes als legitim, was normalerweise nur im engeren Bereich der Geselligkeit gilt. Darüber hinaus scheint sie zu vergessen, daß »Diskriminieren« im allgemeinen Verständnis Haltungen und Tätigkeiten bezeichnet, die die Menschenrechte anderer beschneiden. Sie macht sich zur Fürsprecherin einer auf geistiger Affinität beruhenden Gleichheit innerhalb der intellektuellen und politischen Elite, spricht jedoch den ethnischen und rassischen Minoritäten das Recht auf Gleichheit innerhalb der allgemeinen Gesellschaft ab, sofern es die Gleichheit der Elite bedrohen könnte; das heißt um des »existentiellen« Parias willen nimmt sie die Diskriminierung des »sozialen« Parias in Kauf. Sie geht soweit, zu behaupten, daß es in Amerika auch für den jüdischen Bürger kein Recht geben kann, »in jedes Hotel oder Erholungszentrum [...] zu gehen, denn viele von diesen befinden sich im rein gesellschaftlichen Bereich, in dem das Recht auf freie Zusammenkunft und somit auf Diskriminierung größere Gültigkeit als das Prinzip der Gleichheit hat«[217]. Arendt ist darüber hinaus überzeugt, daß, je mehr Gleichheit, ursprünglich ein Bestandteil der politischen Sphäre, in die gesamte gesellschaftliche Sphäre eingeführt wird, »um so mehr wird es Ressentiments gegen Unterschiede geben, um so auffälliger werden diejenigen werden, die sichtbar und von Natur aus verschieden sind von den andern«[218]. Ich frage mich, ob Arendt, die sich, nach eigener Aussage, nie entschließen konnte, in die Südstaaten zu reisen, dies nicht unterließ, um nicht mit einer Wirklichkeit konfrontiert zu werden, vor der ihre in der bürgerlichen Gesellschaft Europas unter dem Eindruck einer romantisierenden Auffassung der griechischen Polis entstandenen Anschauungen nicht standgehalten hätten. Ist für Arendt der amerikanische Schwarze, der wegen seiner Hautfarbe oder seiner Abstammung von Sklaven politische und soziale Diskriminierung erleidet, nicht, wie jeder Mensch, auserwählt, der *eigentliche*

Mensch zu sein, auch wenn seiner Auserwählung nicht die besonderen Charakteristiken zukommen mögen, die die Religionsgeschichte den Juden zuspricht? Ist er, der über Generationen, nicht anders als die Juden in Ägypten, das Leid der Unterdrückkung auf sich nehmen mußte, nicht von Menschenwürde und von Sehnsucht nach Verwirklichung der Menschenrechte erfüllt, wie sie im Bild des leidenden Gottesknechtes erscheinen? Ist es nicht unerträgliche intellektuelle Arroganz, wenn Arendt behauptet, »die Prioritätenliste in der Frage der Rechte soll durch die Verfassung bestimmt werden und nicht durch die öffentliche Meinung oder durch Mehrheiten«[219]? Nun gibt es in der amerikanischen Verfassung keine solche Prioritätenliste; auch muß es wohl den Betroffenen überlassen werden zu entscheiden, in welchen ihrer Rechte sie sich am meisten verletzt fühlen oder welche sie in einer gegebenen Situation am ehesten für durchsetzbar halten. Arendt schlägt vor, daß die Schwarzen in den Südstaaten der Abschaffung der Gesetze gegen die Rassenmischung erste Priorität geben sollen, da »selbst politische Rechte, etwa das Recht zu wählen, und nahezu alle anderen in der Verfassung aufgezählten Rechte zweitrangig sind, verglichen mit den unabdingbaren Rechten auf ›Leben, Freiheit und Streben nach Glück‹, wie sie in der Unabhängigkeitserklärung ausgerufen werden«[220]. Dazu gehört, laut Arendt, das elementare Recht, zu heiraten, wen man will[221]. Zweifellos hat Jefferson nicht an dieses private Menschenrecht gedacht, als er die politische Rechtfertigung der Unabhängigkeit der Kolonien formulierte. Hinzu kommt, daß der traditionelle emotionale Grund der Diskriminierung der Schwarzen in den Südstaaten gerade die Angst vor der Heirat zwischen den Rassen war.

Nicht weniger befremdend wirkt Arendts Behauptung, »die Rassenfrage in der Weltpolitik sei aus dem Kolonialismus und Imperialismus europäischer Nationen entstanden – d. h. dem einen großen Verbrechen, an dem Amerika niemals teilhatte«; diese Aussage befremdet vor allem deshalb, weil Arendt an gleicher Stelle schreibt, daß »die Rassenfrage durch das eine große Verbrechen in Amerikas Geschichte geschaffen [wurde] und nur lösbar [ist] innerhalb des politischen und historischen

Rahmens der Republik«[222]. Das spezifisch amerikanische Verbrechen scheint nach ihrer Meinung darin bestanden zu haben, daß »Neger und Indianer [...] zu keiner Zeit in den ursprünglichen Consensus universalis der amerikanischen Republik«[223] eingeschlossen waren. Gewiß waren die Vereinigten Staaten von Amerika im Zeitalter des Nationalismus und Imperialismus kein Nationalstaat im europäischen Sinn. Es gab keine geschlossene Einheit von Nation und Territorium; der Expansion der Investitionen waren also keine Grenzen gesetzt, die nur durch den Erwerb von Kolonien auf fernen Kontinenten hätten überwunden werden können. Die Vereinigten Staaten waren in der Lage, sich auf dem eigenen Kontinent auszudehnen und, wo nötig, Land und Bevölkerung anderer Nationen einzubeziehen. Man denke nur an Mexiko. Wo diese Expansion nicht mehr genügte, griff man nach den Besitzungen anderer Nationen, etwa den spanischen Kolonien Kuba und Philippinen. Was »das eine große Verbrechen in Amerikas Geschichte« betrifft, nämlich daß in die gesellschaftsvertragliche Gründung der Republik Indianer und Schwarze nicht einbezogen wurden, so geht dies darauf zurück, daß die Indianer von den frühen puritanischen Siedlern als »Hunde des Teufels« angesehen, von den späteren Siedlern als Wilde betrachtet wurden, deren Land man mittels Verträgen, die man nicht einzuhalten gedachte, in seinen Besitz brachte; waren doch die Geschäftspartner keine wirklichen Menschen. Die Schwarzen dagegen waren Sklaven, also Handelsobjekte, die von der verfassunggebenden Versammlung bei Steuerveranlagungen als je zwei Drittel einer weißen Person definiert wurden. Es fällt mir schwer zu erraten, was Arendt meint, wenn sie das Rassenproblem in den Vereinigten Staaten nur »innerhalb des politischen und historischen Rahmens der Republik« für lösbar hält.

Gedanken zu Amerika

Arendts Äußerungen zur Rassenfrage sind ein extremes, aber kein untypisches Beispiel für ihre Einstellung zu Amerika. Sie geht von ihrer Interpretation der antiken Polis aus und versucht sie auf die amerikanische Situation anzuwenden. Dabei ist sie nicht frei von politischer Romantik. Diese entspricht jedoch nicht dem »amerikanischen Traum«, der sich von ihr dadurch unterscheidet, daß er keineswegs den Alltag verneint. So setzen Unabhängigkeitserklärung und Verfassung nicht nur die Rahmenbedingungen eines Regierungssystems; sie entsprechen den konkreten Kräften und Erfahrungen, die Amerika bewegen. Auch gilt der »businessman« nicht etwa als kultureller Banause, sondern als der eigentliche Held, der den »Geist« der Nation repräsentiert. Gewiß gab es im 19. Jahrhundert eine Vielzahl unterschiedlichster utopischer Experimente, von den Shakers zu Robert Owens »New Harmony«; jedoch die meisen dieser Gemeinden wurden außerhalb des amerikanischen »mainstream« von Einwanderern gegründet und von europäischen Vorstellungen geprägt, was dazu führte, daß sie häufig von der Bevölkerung der umliegenden Ansiedlungen als feindlich betrachtet wurden.

Arendts Idealvorstellung war wohl eine Mischung von utopischem Denken (oder politischer Romantik) und »amerikanischem Traum«. Sie konzentrierte sich auf die überschaubare Gemeinschaft, in der Gleichheit und Freiheit relativ große Chancen haben und die politische mit der »existentiellen« Ordnung nahezu deckungsgleich ist. Sie geht von jenen kleinsten Selbstverwaltungsbezirken aus, die Jefferson »wards« oder »Elementarrepubliken« nannte, erinnert an das Schweizer Kantonssystem und die »townhall meetings« in Amerika, um sie dann – erstaunlicherweise – als Vorläufer jener Räte und Sowjets zu bezeichnen, »die von nun an in jeder echten Revolution des neunzehnten und zwanzigsten Jahrhunderts auftauchen sollten«[224]. Sie schaltet hier vom »amerikanischen Traum« um zum Geist der Revolution, wie ihn vor allem Rosa Luxemburg verkörperte. Arendt interpretiert die polnische Jüdin und Mitbegründerin der KPD in eigenwilliger Weise als Antimarxistin, für die Revolution eine moralische Angelegenheit war, ein spontaner Akt, der von keiner Partei befohlen oder gemacht werden kann. Daß sich aus den von Arendt idealisierten Räten das bolschewistische Regime entwickelt hat, ist ihrer Meinung nach nicht Mängeln im Rätesystem selbst zuzuschreiben. Der Erfolg des Rätesystems soll dadurch bewiesen worden sein, daß das bolschewistische Regime die ursprünglichen Räte oder Sowjets entmachtete und »den Namen für das eigene antisowjetische Regime« stahl, »womit es ihnen immerhin ihre Popularität bestätigte«[225]. Arendt bleibt weiter davon überzeugt, daß es selbst in unserer Zeit echte revolutionäre Bewegungen geben kann. So begrüßt sie den ungarischen Aufstand von 1956 als eine Revolution, in der »nicht die Schlechtweggekommenen, sondern die Bevorzugten der kommunistischen Gesellschaft [...] die Initiative« ergriffen, deren Motiv »weder ihr eigenes materielles Elend noch das ihrer Mitbürger, sondern einzig das Verlangen nach Freiheit und Wahrheit«[226] war. In anderen Worten, die ungarische Revolution war nicht das gleichsam notwendige Ergebnis historischer Prozesse, sondern ein Akt der Spontaneität.

Es läßt sich nicht übersehen, daß Arendt im Laufe der Jahre ein zunehmendes Abweichen der amerikanischen politischen Wirklichkeit von den ursprünglichen Idealen der Republik feststellte. In der Innenpolitik verfolgte sie mit Bestürzung das Phänomen des McCarthyismus, seinen fanatischen Antikommunismus und sein blindes Denunziantentum. Sie fürchtete, die amerikanische Demokratie könnte sich in eine totalitäre Ideologie verwandeln, indem sie sich bei der Bekämpfung des Totalitarismus dessen Methoden zu eigen machte. Vor allem hatte sie Angst, daß die Regierung eines Tages allen unliebsamen Personen die Staatsbürgerschaft entziehen könnte, was sie in einer Welt, in der es keine Menschenrechte jenseits von Bürgerrechten gab, absoluter Schutzlosigkeit preisgeben würde. Für Arendt als Flüchtling aus Nazideutschland war das Dilemma, wie man den Totalitarismus bekämpfen könne, ohne die Grundprinzipien einer liberalen Demokratie aufs Spiel zu setzen, noch bedrängender als für das sogenannte amerikanische »Liberal Establishment«, dem sie sich verwandt fühlte. In der Außenpolitik stimmte sie mit Persönlichkeiten wie George Kennan oder James Fulbright überein; auch sie verurteilte den unreflektierten, vereinfachenden, jede differenzierte Analyse der Weltsituation verschmähenden Antikommunismus, der notwendigerweise dazu führte, daß militärische Methoden gegenüber diplomatischen Vorrang erhielten.

Diese Erfahrungen veranlaßten sie, die Antivietnambewegung und den gewaltlosen Widerstand gegen die nukleare Rüstung zu unterstützen sowie die Studentenbewegung, solange diese sich darauf beschränkte, aus ethischen Gründen die Beteiligung der Universitäten an militärisch verwendbarer Forschung abzulehnen. Die weitergehende Forderung von Minderheitengruppen nach »open admission«, das heißt nach dem freien Zugang zu den Universitäten für weniger begabte oder weniger gut vorbereitete Studenten aus eben jenen Minderheiten, lehnte sie aus Gründen der Wahrung der akademischen Autonomie und akademischer Standards ab.

Zwei Ereignisse, die Arendt besonders tief erschütterten, waren die Ermordung John F. Kennedys und die Watergate-Affäre. Kurz nach Kennedys Tod schrieb sie an Jaspers, daß sie um die Zukunft der amerikanischen Republik bange. Der Mord schien ja weder die Tat eines einzelnen noch einer Verschwörerbande zu sein, sondern aus einem undefinierbaren Untergrund zu kommen, der das, was Kennedy zu repräsentieren versuchte, nicht ertragen konnte. Den Watergate-Skandal benutzte Arendt, um in dem Aufsatz »Lügen in der Politik«[227] über die »Pentagon Papers« ihre Aversion gegen die bestehenden Parteien und ihre Vorliebe für das Rätesystem, jene durch freiwillige Zusammenschlüsse oder spontane Revolution entstandenen überschaubaren politischen Einheiten, zum Ausdruck zu bringen.

Auch Europa und vor allem Nachkriegsdeutschland entgingen nicht Arendts Kritik. Jahrelang hatte sie vergeblich auf eine europäische Föderation frei von jeglichem Nationalismus gehofft. In bezug auf Deutschland hatte sie, die mit Nachdruck jeden Gedanken an eine Kollektivschuld ablehnte, vielleicht zuviel erwartet, um nicht sowohl auf geistigem als auch auf politischem Gebiet enttäuscht zu werden. Hier verstärkten sich ihre romantischen Tendenzen und ihre Ungeduld, was die intensive Beschäftigung mit Tatsachen betraf, gegenseitig. So vermutete sie, das immer noch oder wieder nationalistische Deutschland und nicht Frankreich blockiere die europäische Verteidigungsgemeinschaft. Sie glaubte, in Deutschland wachsenden Nationalismus, wenn nicht gar das Wiederaufleben des Nazismus zu erkennen, und war überzeugt, daß Deutschland dem Wiederaufbau einer eigenen Armee nur zustimmen würde, wenn es gleichzeitig die absolute Souveränität über das eigene Territorium erhielte. Im besonderen war ihr Adenauer wegen seiner politischen und militärischen Vertrauten ein Dorn im Auge. Noch 1966, als sie seine Memoiren für die *Washington Post* rezensierte, war sie über sein primitives Verständnis des Totalitarismus entsetzt[228].

Zweifellos hatte Arendts wachsender Pessimismus außer mit politischen Entwicklungen auch mit Ereignissen in ihrem persönlichen Leben zu tun. 1970 starb ihr Mann, auf dessen Anregungen und Kritik sie sich über drei Jahrzehnte verlassen hatte. Etwa um die gleiche Zeit begann sie, sich wegen der zunehmenden Kriminalität in ihrer Nachbarschaft in New York Sorgen zu machen. Andererseits wuchs die Anerkennung, die sie vor allem aus akademischen Kreisen erhielt. Neben ihrer Lehrtätigkeit in Princeton, Berkeley, Chicago und New York nahm sie eine große Zahl von Einladungen zu Gastvorlesungen wahr, nicht zuletzt zu den »Gifford Lectures« in Aberdeen. 1959 wurde ihr der Lessing-Preis verliehen, 1967 der Sigmund-Freud-Preis der Deutschen Akademie für Sprache und Dichtung, 1975 der dänische Sonning-Preis für ihren Beitrag zur europäischen Kultur. Außerdem erhielt sie ein dutzendmal die Ehrendoktorwürde. Umwälzungen wie die in Ungarn oder Portugal verschafften ihr wenigstens zeitweise die Illusion, daß auch im Zeitalter von Technokratie und Bürokratie spontane Revolutionen und Arbeiterräte im Sinne Rosa Luxemburgs möglich waren. Auf die Dauer wollte jedoch kein Optimismus mehr aufkommen. Die Rückkehr zur einst kritisch betrachteten reinen Philosophie, die Überbewertung des »Denkens« gegenüber dem »Wollen« und »Tun« in Arendts letztem, nicht mehr vollendetem Werk, *Vom Leben des Geistes*[229], sind Zeichen abnehmender Vitalität. Dazu kam, daß sie bei ihrem letzten Besuch in Freiburg Heidegger gealtert und fast taub antraf, so daß kaum noch ein Gespräch zustande kam. Arendts Gesundheit war schon früher durch einen Taxiunfall, bei dem sie einen Herzmuskelriß erlitt, beeinträchtigt worden. 1975 stürzte sie eines Tages auf der Straße, ein Mißgeschick, das sie zuerst nicht ernst nahm. Wenig später starb sie jedoch an einem Herzinfarkt. Ihre Asche wurde im Frühjahr 1976 auf dem Campus des Bard College beigesetzt, jenes College, an dem ihr Mann viele Jahre lang gelehrt hatte.

Arendt aus heutiger Sicht

Es liegt nahe zu fragen, was uns Hannah Arendt heute, zehn Jahre nach ihrem Tode, bedeutet. Die Antwort hängt zu einem großen Teil davon ab, ob es darum geht, sie in erster Linie als die Wissenschaftlerin zu würdigen, die sich mit den Ursprüngen und Grundelementen des nationalsozialistischen Totalitarismus beschäftigt, oder ob wir darüber hinaus die Geschichte des modernen Antisemitismus und des nationalsozialistischen Terrors in Verbindung mit der Geschichte der Assimilation, genauer: mit dem Schicksal des jüdischen Parias in der deutschen bürgerlichen Gesellschaft, betrachten wollen. Ich neige zur zweiten Alternative, ohne jedoch in irgendeiner Weise die wissenschaftlichen Anstrengungen Arendts schmälern zu wollen. Daß diese Anstrengungen von mannigfachen überraschenden Einsichten belohnt wurden, darf ebensowenig übersehen werden wie die Tatsache, daß die für sie charakteristische Mischung aus romantischer Neigung und kühler Intellektualität nicht selten ihren Wirklichkeitssinn trübte. Dazu kommt, daß die Kenntnis der Ereignisse, die Arendt in den vierziger Jahren zur Verfügung stand, nicht vergleichbar ist mit unserem heutigen Kenntnisstand. Auch war die zeitliche Nähe zu den Geschehnissen, die sie darzustellen und zu erklären versuchte, zu groß, um ein Urteil zu erlauben, das nicht von eigener unmittelbarer Betroffenheit oder der Betroffenheit von Angehörigen und Freunden beeinflußt gewesen wäre.

Stellen wir den jüdischen Paria in den Mittelpunkt unserer Erörterungen, so stoßen wir auf die Tatsache, daß es den jüdischen, den *existentiellen* Paria nicht mehr gibt, er jedoch als Problem weiter existiert. Die bürgerliche Epoche der Assimilation konnte jenen *Rest,* dessen sich Rahel schämte und auf den Arendt, ohne sich mit ihm unmittelbar zu beschäftigen, stolz war, nicht auflösen. Erst der Nationalsozialismus, der auch der bürgerlichen Epoche sowie der deutschen Kultur ein Ende bereitete, beseitigte ihn mit der Vernichtung der Juden. Arendt hat als deutsche Jüdin und Emigrantin an zwei gänzlich voneinander verschiedenen Versuchen zur Rettung des Parias teilgenommen. Die Ironie der Geschichte hat gewollt, daß beide zu seinem Verschwinden von der Weltbühne beigetragen haben. Den einen dieser Versuche unternahm sie im Rahmen ihrer zionistischen Arbeit in Frankreich, wo sie sich für den jüdischen Paria politisch und pädagogisch einsetzte, indem sie für die Menschenrechte der Verfolgten kämpfte und junge Menschen auf die Auswanderung nach Palästina vorbereitete. Einen zweiten Versuch stellt der Plan dar, den sie in Amerika entwickelte: der Plan, eine »jüdische Armee« aufzubauen, die den Juden eine Heimat in einer zukünftigen europäischen Föderation hätte zusichern sollen. Mit der Staatsgründung Israels fand jedoch die Weltlosigkeit des jüdischen Parias, ja sein Pariasein selbst, ein Ende. Manche der einst Unterdrückten wurden sogar im neuen, eigenen Staat selbst zu Unterdrückern. In den Vereinigten Staaten von Amerika löste sich das jüdische Pariasein in der Vorstellung von der jüdisch-christlichen Kontinuität auf. Als das »Liberal Establishment« begann, seine Macht zu verlieren, und die euphorischen oder fundamentalistischen Vereinfacher seine Stelle einzunehmen drohten, traten führende jüdische Intellektuelle als Mitläufer, wenn nicht gar als Vorreiter dieser »Wende« auf, um sich ihren Verbleib im amerikanischen »mainstream« zu sichern und so einem Pariadasein zu entgehen. Der Zionismus und die amerikanische Demokratie haben demnach paradoxerweise, indem sie dem jüdischen Paria das Leben retteten, zugleich seinen Untergang als *Paria* bewirkt.

Was Deutschland betrifft, so fällt es dem Überlebenden der deutsch-jüdischen Symbiose schwer, ein faires Urteil über die gegenwärtige Situation abzugeben. Man kann in der deutschen Bevölkerung ein breites Spektrum von Anschauungen und Haltungen finden, von neonazistischen Umtrieben über die verschiedensten Formen von Philosemitismus bis zu einem selbstverständlichen, natürlichen Umgang zwischen Juden und Christen.

Bei manchen Rassisten ist an die Stelle der Juden der ausländische Arbeiter getreten, den es zu erniedrigen und zu vertreiben gilt. Unter den Philosemiten überwiegen diejenigen, die, aus welchen Gründen auch immer, der zionistischen Losung folgend das jüdische Anliegen mit dem Staat Israel identifizieren.

Zu den Selbstverständlichkeiten alltäglichen Umgangs, vor allem zwischen den jüngeren Deutschen und Juden, gehört Arendts Überzeugung, daß sinnvolle Freiheit nur in der Gemeinschaft möglich ist. »Ein wahrhaft menschliches Leben kann nicht von Menschen geführt werden, die sich losgelöst fühlen von den grundlegenden [...] Gesetzen der Menschheit.«[230] Es scheint, daß sie die Assimilation beziehungsweise den durch die Assimilation zum »einzelnen« gewordenen Juden, etwa im Sinne von Prousts Protagonisten Swann, mitverantwortlich macht für seine eigene Zerstörung. Sie spricht von der »sinnlosen Freiheit«[231] des Individuums, die nichts anderes bewirkt, als den Weg für das sinnlose Leiden des ganzen jüdischen Volkes zu öffnen.

Will man Arendts Denken in die Gegenwart fortschreiben, muß man sich freilich fragen, was heute unter sinnvoller Freiheit und unter Gemeinschaft zu verstehen wäre. Dabei muß man vor allem zwischen »negativer« und »positiver« Freiheit unterscheiden. Negative Freiheit bedeutet im Sinne der amerikanischen Verfassung »absence of restraint« und entspricht im Grundgesetz der Bundesrepublik den Artikeln, die den Bürger davor schützen, an der Ausübung seiner positiven Freiheit gehindert zu werden. Diese schließt alles freiwillige oder spontane Tun ein, für die der einzelne die Verantwortung übernimmt, vom religiösen Akt bis zur politischen oder künstlerischen Betätigung. Daraus folgt, daß die Sicherung der negativen Freiheit Sache der Regierung ist, während sich die positive Freiheit in erster Linie im Bereich der überschaubaren Gemeinschaft entfaltet. Leider spielt heute die negative Freiheit – und der Streit um ihre Grenzen – für viele Bürger eine größere Rolle als die positive Freiheit, in der der Mensch – der *eigentliche* Mensch – seine Erfüllung findet.

Für Arendt war der Ort positiver Freiheit der Kreis ihrer deutsch-jüdischen Freunde in New York, der durch gemeinsame Erfahrungen und geistige Affinität bestimmt war. Inzwischen haben sich die Zeiten geändert. Zum einen haben sich viele traditionelle Selbstverständlichkeiten der bürgerlichen Gesellschaft verflüchtigt: so etwa der Bildungs- und Fortschrittsglaube oder gewisse Konventionen und Zielvorstellungen. Zum anderen ist immer klarer geworden, wovon Arendts (vor allem historische und politisch-philosophische) Werke im Grunde handeln: vom Untergang des jüdischen Parias, sei es im Zionismus, sei es in der amerikanischen Gesellschaft, sei es im nationalsozialistischen Deutschland. Die Folgen dieses Prozesses haben sie zutiefst erschüttert. Die Frage, ob es die Möglichkeit gäbe, sie in irgendeiner Weise zu überwinden, hat sie sich nicht mehr gestellt.

Ich selbst kann mir diese Frage nur im deutschen Kontext stellen. Sie lautet: Wie müßte eine überschaubare Gemeinschaft als Ort positiver Freiheit heute aussehen, und welche Rolle könnte ein Jude, 40 Jahre nach dem Ende des nationalsozialistischen Regimes, in ihr spielen? Solche Gemeinschaften gibt es in der Tat. Sie bestehen meist aus jungen Menschen, die trotz aller sonstigen Unterschiede eine gewisse Gesinnung gemeinsam haben, die durch gemeinsame Bedrohung und Betroffenheit bestimmt ist. Dieser Gesinnung, die man mit so einfachen Ausdrücken wie Anstand, Bescheidenheit, Nachdenklichkeit kennzeichnen könnte, liegt – wenigstens unmittelbar – kein philosophisches oder theologisches System zugrunde. Benutzt man Begriffe, wie wir sie bei der Diskussion des Parias oder *eigentlichen* Menschen gebraucht haben, so könnte man versucht sein zu sagen, daß es sich um eine Art offener Elite handelt: Sie verbindet jene Gleichheit, die aus der im eigenen Kreise herrschenden Affinität kommt, mit dem Wissen um die Gleichheit *aller* Menschen. Für sie gehen die beiden Definitionen von Paria – des zur besonderen Verantwortung Erwählten – und des Menschen, jedes Menschen, als eines potentiell *eigentlichen* Menschen ineinander über. Konkret vollzieht sich dies in der Selbstverständlichkeit der Beziehung zwischen Juden und Christen. Genauer: Der Jude als Überlebender wirkt als Paradigma für ein allgemeines Streben nach Überleben, das heute die gesamte Ökumene umfaßt und nur im gemeinsamen Streben nach dem *eigentlichen* Menschen – im Wunder alltäglicher Menschlichkeit – eine Chance hat.

ANHANG

Zeittafel

1906	Hannah Arendt wird am 14. Oktober in Hannover geboren.
1910	Umzug nach Königsberg / Pr.
1912	Tod des Vaters.
1924–28	Studium in Marburg, Freiburg und Heidelberg.
1924	Bekanntschaft mit Martin Heidegger.
1928	Promotion bei Karl Jaspers über *Der Liebesbegriff bei Augustinus*.
1929	Heirat mit Günther Stern (Anders).
1933	Flucht nach Frankreich.
1935	Generalsekretärin des Pariser Büros der Jugend-Aliya.
1936	Trennung von Stern.
1938	Fertigstellung des Buchmanuskripts über Rahel Varnhagen.
1940	Heirat mit Heinrich Blücher; Internierung in Gurs.
1941	Auswanderung nach Amerika.
1941–44	Mitarbeit an dem jüdischen Wochenblatt *Der Aufbau*.
1942	Abkehr vom offiziellen Zionismus.
1944	»The Jew as Pariah: A Hidden Tradition«, in: *Jewish Social Studies* 6 / 2.
1946–48	Cheflektorin bei Schocken Books.
1948–52	Direktor der Jewish Cultural Reconstruction Organization.
1949 / 50	Erster Aufenthalt in Europa nach dem zweiten Weltkrieg.

1951	*The Origins of Totalitarianism*, New York.
1953	Erstmals Vorlesungen an der Princeton University.
1954	Erstmals Vorlesungen an der New School for Social Research in New York.
1956	Erstmals Vorlesungen an der University of Chicago.
1958	*The Human Condition*, Chicago; *Rahel Varnhagen: The Life of a Jewess*, London.
1959	Gastprofessur an der University of California in Berkeley. Lessing-Preis der Stadt Hamburg. »Reflections on Little Rock«, in: *Dissent* 6/1.
1963	*Eichmann in Jerusalem: A Report on the Banality of Evil*, New York; *On Revolution*, New York.
1967	Sigmund-Freud-Preis der Deutschen Akademie für Sprache und Dichtung.
1970	Tod von Heinrich Blücher. *On Violence*, New York.
1973	»Gifford Lectures« in Aberdeen.
1975	Sonning-Preis (Dänemark) für Beitrag zur europäischen Kultur. Hannah Arendt stirbt an Herzinfarkt am 4. Dezember.
1978	*The Life of the Mind*, New York.
1982	*Lectures on Kant's Political Philosophy*, Chicago.

Anmerkungen

Für seine Hilfe bei der Zusammenstellung der Anmerkungen und der Bibliographie danke ich Herrn Peter Bergmair.

1 *Rahel Varnhagen. Lebensgeschichte einer deutschen Jüdin aus der Romantik,* München 1959, ⁵1984 (= Serie Piper 230), S. 11 (im folgenden zitiert als: Varnhagen).

2 »Reflections on Little Rock«, in: *Dissent* 1, Bd. 6, 1959, S. 45–56.

3 Young-Bruehl, Elisabeth, *Hannah Arendt. For Love of the World,* New Haven / London 1982 (im folgenden zitiert als: Young-Bruehl).

4 München 1959.

5 *Elemente und Ursprünge totaler Herrschaft,* Bd. 1: *Antisemitismus,* Frankfurt / Berlin / Wien 1980, S. 105 (im folgenden zitiert als: Herrschaft).

6 *Varnhagen,* S. 110.

7 Zitiert in: *Varnhagen,* S. 88.

8 Ebd., S. 15.

9 *Wirtschaft und Gesellschaft,* Tübingen ⁵1972, S. 300f.

10 *Varnhagen,* S. 186.

11 *Herrschaft,* S. 196.

12 »The Jew as Pariah«, in: *Jewish Social Studies* (siehe nächste Anmerkung).

13 Der Aufsatz wurde erstmalig in *Jewish Social Studies* 6/2 im Februar 1944 (S. 99–122) veröffentlicht und erschien in einer leicht revidierten Version 1959 im *Reconstructionist* (20. März und 3. April).

14 Zitiert in: »The Jew as Pariah«, a. a. O., S. 71.

15 Ebd., S. 76.

16 Ebd., S. 77.

17 Ebd.

18 Ebd.

19 Ebd., S. 78.

20 Ebd.

21 Ebd., S. 69, Fußnote 1.

22 Ebd., S. 79.

23 Ebd.

24 Ebd., S. 85.

25 Zitiert in: ebd., S. 84.

26 Zitiert in: ebd.

27 Young-Bruehl, S. 168f.

28 Ebd., S. 178.

29 »Zionism Reconsidered«, in: *Menorah Journal,* 33. Jg., Nr. 2, Herbst 1945, wiederveröffentlicht als »Der Zionismus aus heutiger Sicht«, in: *Die verborgene Tradition,* Frankfurt a. M. 1976, S. 127–169, und als »The Jewish State: Fifty Years After. Where have Herzl's Politics Led?«, in: *Commentary. A Jewish Review,* New York 1946.

30 »Zionismus aus heutiger Sicht«, in: *Die verborgene Tradition,* S. 136 (siehe vorige Anmerkung).

31 Ebd., S. 133.

32 Zitiert in: ebd., S. 149.

33 Ebd., S. 153.

34 »The Jewish State«, a. a. O., S. 8.

35 Ebd., S. 1.

36 Gespräch zwischen Hannah Arendt und Günter Gaus, in: *Zur Person. Porträts in Frage und Antwort,* München 1965, S. 19 (im folgenden zitiert als: Gespräch Arendt–Gaus).

37 *Vita activa oder Vom tätigen Leben,* München o. J. (1967), ³1983 (= Serie Piper 217), S. 36.

38 Ebd., S. 30.

39 *Über die Revolution,* München o. J. (1965), ²1974 (= Serie Piper 76), S. 160.

40 *Vita activa,* a. a. O., S. 42.

41 *Herrschaft,* S. 54.

42 *Elemente und Ursprünge totaler Herrschaft,* Bd. 2: *Imperialismus,* Frankfurt / Berlin / Wien 1975, S. 35.

43 *Herrschaft,* Bd. 1, S. 102.

44 Ebd., S. 170.

45 Ebd., S. 117.

46 Ebd., S. 168.

47 Ebd., S. 26.

48 Ebd., S. 142.

49 Ebd., S. 47.

50 Ebd.

51 Ebd., S. 172.

52 Ebd., S. 120.

53 Ebd.

54 Ebd., S. 35.

55 *Gespräch Arendt–Gaus,* S. 20.

56 *Vita activa,* S. 63.

57 Ebd., S. 60.

58 *Herrschaft,* Bd. 2, S. 19.

59 Ebd., S. 34.

60 Ebd., Bd. 1, S. 49.

61 Ebd., S. 21.

62 Ebd., S. 102.

63 Ebd., S. 68.

64 Ebd., S. 92.

65 Ebd., S. 71.

66 Ebd., Bd. 2, S. 84.

67 Ebd., Bd. 2, Kapitel VIII.

68 Young-Bruehl, S. 232.

69 *Herrschaft*, Bd. 1, S. 132.

70 Ebd., S. 134.

71 Ebd., Bd. 2, S. 91.

72 Ebd., S. 89.

73 Ebd., S. 187, Anm. 49.

74 Ebd., Bd. 1, S. 102.

75 Ebd., S. 149.

76 Ebd., S. 90.

77 Ebd., S. 148.

78 Ebd., S. 95.

79 Ebd., S. 176, Anm. 50.

80 Ebd., S. 188.

81 Ebd., S. 160.

82 Ebd.

83 Ebd., S. 187.

84 Ebd., S. 154.

85 Ebd.

86 Ebd., S. 133.

87 Ebd.

88 Ebd., S. 145.

89 Ebd.

90 Ebd., S. 150.

91 Ebd., S. 151.

92 Ebd., S. 181.

93 *Elemente und Ursprünge totaler Herrschaft*, Bd. 3: *Totale Herrschaft*, Frankfurt/ Berlin/Wien 1975, S. 97.

94 Young-Bruehl, S. 252.

95 Ebd., S. 276.

96 Ebd.

97 Simon, Ernst, »Hannah Arendt – Eine Analyse«, in: *Die Kontroverse. Hannah Arendt. Eichmann und die Juden*, München 1964, S. 46 (im folgenden zitiert als: Kontroverse).

98 Young-Bruehl, S. 252.

99 *Herrschaft*, Bd. 3, S. 101.

100 Ebd., S. 31.

101 Ebd., Bd. 2, S. 248.

102 Ebd., S. 105.

103 Ebd., S. 107.

104 Ebd., Bd. 3, S. 47.

105 Ebd., S. 63.

106 *On Violence*, New York 1970, S. 44 (deutsch: *Macht und Gewalt*, München 1970, [4]1981, = Serie Piper 1).

107 *Vita activa*, S. 194.
108 *On Violence*, a. a. O., S. 41.
109 Ebd., S. 52.
110 Ebd., S. 56.
111 Ebd., S. 55.
112 Ebd.
113 *Herrschaft*, Bd. 3, S. 150.
114 Fromme, Friedrich Karl, in: Literaturblatt der *Frankfurter Allgemeinen Zeitung*, 29. September 1964.
115 *Herrschaft*, Bd. 3, S. 218.
116 *On Violence*, a. a. O., S. 8.
117 Fuss, Peter, »Hannah Arendt's Conception of Political Community«, in: *Idealistic Studies. An International Philosophical Journal*, 1973, S. 258.
118 *Herrschaft*, Bd. 3, S. 95.
119 Ebd., S. 94.
120 Ebd., S. 71.
121 *Wahrheit und Lüge in der Politik. Zwei Essays*, München 1972 (= Serie Piper 36), S. 77.
122 *Between Past and Future: Six Exercises in Political Thought*, New York 1961, S. 87.
123 *Eichmann in Jerusalem. Ein Bericht von der Banalität des Bösen*, München 1964, ⁴1976, S. 232 (im folgenden zitiert als: Eichmann).
124 *Herrschaft*, Bd. 3, S. 225.
125 Ebd., S. 235.
126 *Eichmann*, S. 163.
127 Ebd., S. 152.
128 Ebd., S. 58.
129 Ebd., S. 75.
130 Ebd., S. 175.
131 Ebd., S. 243.
132 Ebd., S. 16.
133 *Herrschaft*, Bd. 3, S. 76.
134 »Organisierte Schuld«, in: *Die verborgene Tradition*, a. a. O., S. 38.
135 *Eichmann*, S. 212.
136 »Organisierte Schuld«, in: a. a. O., S. 35.
137 *Eichmann*, S. 275.
138 Ebd., S. 276.
139 Ebd., S. 259.
140 »Organisierte Schuld«, in: a. a. O., S. 38f.
141 Young-Bruehl, S. 340.
142 »Organisierte Schuld«, in: a. a. O., S. 36f.
143 Ebd., S. 35.
144 Ebd.
145 Ebd., S. 38.
146 Simon, in: *Kontroverse*, S. 67.
147 *Eichmann*, S. 70.
148 Ebd., S. 182.

149 Ebd., S. 235.

150 Ebd., S. 240.

151 Hahn, Hugo, »Der Jude wird verbrannt«, in: *Kontroverse,* S. 78.

152 Ebd.

153 *Eichmann,* S. 169.

154 Ebd., S. 154.

155 Hilberg, Raul, *The Destruction of the European Jews,* Chicago 1961, S. 154 (im folgenden zitiert als: Hilberg).

156 *Eichmann,* S. 93.

157 Hilberg, S. 291.

158 Ebd., S. 146.

159 Ebd.

160 Ebd., S. 315.

161 Ebd., S. 316.

162 *Eichmann,* S. 198.

163 Hilberg, S. 146.

164 *Eichmann,* S. 153.

165 Ebd.

166 Ebd., S. 162.

167 Ebd., S. 125.

168 Ebd., S. 159.

169 »The Jewish State«, in: a.a.O., (Anm. II/26), S. 8.

170 *Kontroverse.*

171 *Herrschaft,* Bd. 1, S. 133.

172 Zitiert in: Young-Bruehl, S. 363.

173 Arendt an Blumenfeld, zitiert in: Young-Bruehl, S. 365.

174 *Eichmann,* S. 155.

175 Novalis, *Schriften,* herausgegeben von Jakob Minor, Jena 1907, Bd. 2, S. 304.

176 Eichendorff, Joseph Freiherr von, *Neue Gesamtausgabe der Werke und Schriften,* Stuttgart 1958, Bd. 4, S. 376.

177 Young-Bruehl, S. 103.

178 Ebd., S. 69.

179 »What is Existenz Philosophy?«, in: *Partisan Review* 13/1946, S. 34−56.

180 »Karl Jaspers. Rede zur Verleihung des Friedenspreises des Deutschen Buchhandels 1958«, in: Jaspers, Karl, *Mitverantwortlich. Ein philosophisch-politisches Lesebuch,* München o.J., S. 5−13.

181 »Martin Heidegger ist 80 Jahre alt«, in: *Merkur* Nr. 258, 1969, S. 893−902.

182 Ebd., S. 901, Fußnote.

183 Brief von Malwine Husserl vom 23. August 1947, unveröffentlicht.

184 *Vom Leben des Geistes,* Bd. I: *Das Denken,* Bd. II: *Das Wollen,* München 1979.

185 »Martin Heidegger ist 80 Jahre alt«, in: a.a.O., S. 901.

186 Ebd.

187 Ebd., Fußnote 1.

188 Ebd., S. 901.

189 Ebd.

190 *Eichmann*, S. 275.
191 *Gespräch Arendt–Gaus*, S. 23.
192 »Quod licet Jovi. Reflexionen über den Dichter Bertolt Brecht und sein Ver-
     hältnis zur Politik«, in: *Merkur* Nr. 254, 1969, S. 527–542, und Nr. 255, 1969,
     S. 625–642; hier: Nr. 255, S. 635.
193 Ebd., S. 631.
194 Ebd.
195 Ebd., S. 636f.
196 Ebd., S. 633.
197 *Gespräch Arendt–Gaus*, S. 18.
198 »Quod licet Jovi«, a. a. O., S. 636.
199 Ebd., S. 639.
200 Ebd., Nr. 254, S. 533.
201 Ebd., Nr. 255, S. 639.
202 Ebd., S. 640.
203 Ebd., S. 636.
204 Ebd., S. 637.
205 Ebd., S. 640.
206 Ebd.
207 Ebd., Nr. 254, S. 530.
208 Ebd., S. 540.
209 *Herrschaft*, Bd. 2, S. 238.
210 Ebd., S. 245.
211 Cooper, Leroy A., »Hannah Arendt's Political Philosophy. An Interpreta-
     tion«, in: *Review of Politics* 38, 1976, S. 145–176; hier: S. 154.
212 *Über die Revolution*, a. a. O., S. 75.
213 Young-Bruehl, S. 320.
214 *Die ungarische Revolution und der totalitäre Imperialismus*, München 1958, S. 41.
215 »Reflections on Little Rock«, a. a. O.
216 Ebd., S. 51.
217 Ebd., S. 52.
218 Ebd., S. 48.
219 Ebd., S. 46.
220 Ebd., S. 49.
221 Ebd.
222 Ebd., S. 46.
223 »Civil Disobedience«, in: Arendt, Hannah, *Crises of the Republic*, New York
     [4]1972, S. 90.
224 *Über die Revolution*, a. a. O., S. 319.
225 *Die ungarische Revolution*, a. a. O., S. 39f.
226 Ebd., S. 32.
227 In: *Wahrheit und Lüge in der Politik*, a. a. O.
228 Young-Bruehl, S. 286.
229 2 Bde., München 1979.
230 »The Jew as Pariah«, in: a. a. O. (siehe Anm. 13), S. 89.
231 Ebd., S. 90.

Auswahlbibliographie

Texte von Hannah Arendt

Between Past and Future: Six Exercises in Political Thought, New York 1961.

Crises of the Republic, New York ⁴1972.

Eichmann in Jerusalem. Ein Bericht von der Banalität des Bösen, München 1964.

Elemente und Ursprünge totaler Herrschaft, Band I: *Antisemitismus,* Frankfurt/Berlin/ Wien 1980, Band II: *Imperialismus,* Frankfurt/Berlin/Wien 1975, Band III: *Totale Herrschaft,* Frankfurt/Berlin/Wien 1975.

Gespräch zwischen Hannah Arendt und Günter Gaus, in: Gaus, Günter, *Zur Person. Porträts in Frage und Antwort,* München 1965.

»The Jew as Pariah: A Hidden Tradition (April 1944)«, in: *Hannah Arendt. The Jew as Pariah: Jewish Identy and Politics in the Modern Age,* herausgegeben von Ron H. Feldman, New York 1978, S. 67–90.

»The Jewish State: Fifty Years. Where Have Herzl's Politics Led?«, in: *Commentary* 1/1946, S. 1–8.

»Karl Jaspers«, in: Jaspers, Karl, *Wahrheit, Freiheit und Friede* /Arendt, Hannah, *Karl Jaspers, Reden zur Verleihung des Friedenspreises des Deutschen Buchhandels 1958,* München 1958, ²1958, ³1958.

»Martin Heidegger ist 80 Jahre alt«, in: *Merkur* 258, Oktober 1969, S. 893–902.

On Violence, New York 1970 (deutsch: *Macht und Gewalt,* München 1970, ²1971, ³1975, ⁴1981).

»Quod licet Jovi ... Reflexionen über den Dichter Bertolt Brecht und sein Verhältnis zur Politik, in: *Merkur* 254, Juni 1969, S. 527–542, 255, Juli 1969, S. 625–642.

Rahel Varnhagen. Lebensgeschichte einer deutschen Jüdin aus der Romantik, München 1959, ²1962, ³1981, ⁴1983, ⁵1984.

»Reflections on Little Rock«, in: *Dissent* 1, Bd. 6, 1959, S. 45–56.

Über die Revolution, München o.J. (1965), ²1974.

Die ungarische Revolution und der totalitäre Imperialismus, München 1958.

Die verborgene Tradition. Acht Essays, Frankfurt a.M. 1976.

Vita activa oder Vom tätigen Leben, München o.J. (1967), ²1981, ³1983.

Vom Leben des Geistes, Band I: *Das Denken,* Band II: *Das Wollen,* München 1979.

Wahrheit und Lüge in der Politik. Zwei Essays, München 1972.

Walter Benjamin – Bertolt Brecht. Zwei Essays, München 1971.
»What is Existenz Philosophy?«, in: *Partisan Review* 13, 1946, S. 34–56.

Sekundärliteratur

Cooper, Leroy A., »Hannah Arendt's Political Philosophy: An Interpretation«, in: *Review of Politics* 38, 1976, S. 145–176.

Fromme, Friedrich Karl, in: Literaturblatt der *Frankfurter Allgemeinen Zeitung,* 29. September 1964.

Fuss, Peter, »Hannah Arendt's Conception of Political Community«, in: *Idealistic Studies. An International Philosophical Journal* 1973, S. 252–263.

Hahn, Hugo: »Der Jude wird verbrannt«, in: *Die Kontroverse. Hannah Arendt. Eichmann und die Juden,* München 1964, S. 78–81.

Hilberg, Raul, *The Destruction of the European Jews,* Chicago 1961.

Simon, Ernst, »Hannah Arendt – Eine Analyse«, in: *Die Kontroverse,* a.a.O., S. 39–77.

Weber, Max, *Wirtschaft und Gesellschaft,* Tübingen ^{5}1972.

Young-Bruehl, Elisabeth, *Hannah Arendt. For Love of the World,* New Haven/London 1982.

Personenregister

Bildnachweis

Mit freundlicher Genehmigung des Hannah Arendt Estate: S. 17, 18, 21, 37, 43, 85, 103, 113, Ullstein Bilderdienst, Berlin: S. 119, 125, Michaelis de Vasconcellos: S. 111, Piper-Archiv: Umschlag, S. 25